JN496081

가톨릭 5人 에세이스트의 신앙과 삶

이제와 항상 영원히

이제와 항상 영원히

초판 1쇄 인쇄 | 2026년 01월 11일
지은이 | 민혜, 남혜정, 이승훈, 임무성, 이춘희
펴낸이 | 이재욱(필명:이승훈)
펴낸곳 | 해드림출판사
주 소 | 서울 영등포구 경인로82길 3-4(문래동1가 39)
센터플러스빌딩 1004호(07371)
전 화 | 02-2612-5552
팩 스 | 02-2688-5568
E-mail | jlee5059@hanmail.net

등록번호 제2013-000076
등록일자 2008년 9월 29일

ISBN 979-11-5634-672-2

이제와 항상 영원히

민 혜
남혜정
이승훈
임무성
이춘희

해드림출판사

프롤로그

믿음의 길에서 피어나는 작은 빛들

이 책은 다섯 명의 가톨릭 수필가가 삶의 여정에서 하느님을 향해 가며 생각하고 느낀 것을 모은 신앙 에세이집입니다. 하기에 여기 실린 작품들은 문학적 기량을 내보이려 하기보다 각자가 신앙인으로 살아가며 체험한 일상의 빛과 그림자, 눈물과 기쁨, 회의와 확신을 진솔하게 써 내린 글입니다.

믿음의 길은 저마다 다르게 열립니다. 부모님의 신앙 덕에 어린 시절부터 발을 내딛는 사람이 있는가 하면, 친지의 권면으로 새 세상을 맞기도 합니다. 처음엔 권유에 못 이겨 시작했더라도 시간이 흐르는 동안 그 마음 안에 믿음의 씨앗이 뿌리내렸을 겁니다. 또 어떤 이는 누구의 도움 없이 홀로 성당을 찾아가 성전의 고요 속에서 하느님의 숨결을 느끼는가 하면, 타 종교에 몸담고 있다가 개종하게 되는 경우도 있습니다. 이렇듯 계기는 다양하지만 그 모든 길에서 우리를 기다리고 계셨던 분은 같은 하느님이셨습니다.

영성가 토마스 머튼은 "하느님의 사랑인 섭리는 지극히 현명하여, 인간이 자기 힘에 몰두할 때는 간섭하지 않으시고 내버려 두신다. 그러다 마침내 자기 무력함을 통렬히 깨닫게 하신다."고 했습니다.

그 말씀처럼 우리 역시도 인생길에서 인본주의적 사고에 젖어 살다가 좌초하며 괴로워하기도 하지만, 그런 우리를 하느님은 묵묵히 지켜보고 계셨음을 알게 됩니다. 때론 이해할 수 없는 삶의 어둡고 긴 터널 가운데서도 주님의 손길 안에 있었음을, 하물며 주님께 등 돌리고 돌아섰을 때조차 우리가 돌아오기만을 기다리고 계셨음을 깨닫게 되는 거지요. 신앙은 책에서 배우는 교리로만 자라지 않습니다. 신앙은 삶의 쓰라린 아픔이나 위기, 깊은 눈물 속에서 그분을 만나며 단단해지는 신비의 영역입니다.

실상 이 세상은 신앙 없이도 살아갈 수 있습니다. 하느님 없이도 많은 재물을 모으고 명예를 누리며 세인들의 부러움 속에서 얼마든지 성공적인 삶을 사는 것처럼 보일 수도 있습니다. 그러나 인간은 언젠가 "나는 어디에서 와서 어디로 가는가?"라는 질문 앞에 서게 됩니다. 바로 그 순간, 신앙은 잔잔한 새벽빛처럼 우리를 밝혀 삶의 강을 건너도록 이끌어줍니다. 그럼으로써 믿음을 갖는다는 건 단순히 종교의 틀 안에 머무는 게 아닌 존재의 근원과 삶의 궁극적 목표를 향해 쉼 없이 나아가는 길임을 배우게 됩니다.

믿음을 가진 이는 어둠 속에서도 작은 등불을 손에 쥔 사람과 같을 겁니다. 그 등불은 때로 바람에 흔들려 꺼질 듯 위태롭기도 하고 불빛이 희미해 길을 환히 밝히지는 못할지라도 한 걸음 한 걸음씩 내딛게 하여 마침내 영원한 빛으로 이르게 합니다. 그것이 바로 신앙의 힘이요 은총이겠지요.

여기 다섯 명의 필자들은 삶의 여정에서 건져 올린 자신의 믿음과 평범한 일상이나 시련을 통해 체험한 하느님의 사랑을 나누려는 마음으로 글을 썼습니다.

또한 우리는 이 책을 통해 신앙이 거창한 믿음이나 신비 속에서만 이루어지는 것이 아니라는 걸 보여주고 싶었습니다. 신앙은 소소한 일상 속에서, 우리의 허물 속에서, 이웃의 따뜻한 말 한마디 속에서, 실패의 좌절 속에서, 병고의 고통 속에서, 그리고 홀로 드리는 저마다의 깊은 기도 속에서 피어납니다. 그 모든 순간이 모여 우리의 믿음을 성장시키고 단단히 세워 줍니다.

이 책이 새해를 시작하는 독자 여러분들께 작은 위로와 용기를 안겨드릴 수 있었으면 좋겠습니다. 이미 신앙의 길을 걸어온 분에게는 새로운 마음을 일깨우고, 냉담 중인 분들에겐 신앙의 의미를 돌이키고, 이제 막 믿음의 길에 들어선 분에게는 따뜻한 손길이 되어 줄 수 있기를, 그리고 전혀 믿음이 없는 분이 이 책을 읽는다면 우리의 고백이 작은 씨앗이 되어 언젠가 싹을 틔우기를 소망합니다.

끝으로, 우리에게 글을 쓸 수 있는 달란트를 주신 하느님께 감사드리며 부족한 글을 통해서도 주님의 깊고 선하신 뜻이 드러나기를 기원합니다.

2026년 1월

민 혜

목차

Ⅱ. 111, 예 여기 있습니다_남혜정

Ⅲ. 도로테아 순례길_이승훈

IV. 빌라도의 손_임무성

V. 영혼의 염도를 맞추며_이춘희

Ⅰ. 우리 셋이서 _민혜

민혜(안나)

- 서울에서 출생하여 명동성당에서 유아세례 받음.
- 1992년 『창작수필』로 등단. 초기엔 『한국문학』지 등에 소설 발표.
- 1995년~2002년까지 정신건강의학과 낮 병원(환자에게 낮 동안 치료에 필요한 프로그램을 제공하는 정신과 치료 시설) 재활프로그램 '문예치료' 담당자로 근무.
- 2014년 디지털조선일보에 힐링에세이 연재.

- 2013년 목포문학상 수필 본상 수상. 2014년, 2015년 『에세이스트』 올해의 작품상 수상. 2020년 〈해드림출판사〉 기획수필집 공모 당선. 2021년 가톨릭 『가톨릭 평화방송 평화신문』 신앙수기 당선. 2021년 디멘시아 장편소설 대상 수상. 2022년 월간 『샘터』 상 수상. 2021년 아르코 문학나눔 선정. 2022년 아르코 발표지원금 수혜. 2022년, 2025년 『The 수필』 빛나는 수필가 선정 등.

- **저서** : 『장미와 미꾸라지』 『떠난 그대 서랍을 열고』 『어머니의 불』 『글쓰기, 당신의 초능력 잠금해제』 『레테의 사람들(장편소설)』 외 공저 수필집 다섯 권.
- 한국문인협회회원. 에세이스트 작가회의 이사. 수필미학 회원.

moodnow@hanmail.net

1. 신앙과 문학

나는 만 세 살 때 명동성당에서 유아 세례를 받았다. 너무 어릴 때라 신부님이 성수로 내 이마를 씻기려는 순간 싫다고 버둥거리며 크게 울었다. 하지만 초등학교에 들어간 뒤부터는 주일 미사와 주일학교에 충실하고 아침기도와 저녁기도도 빠짐없이 바치는 아이로 성장했다.

이러던 내가 고등학교 1학년이 되면서 주님께 등을 돌렸다. 사춘기의 혼란과 더불어 과연 하느님이 계신가 하는 회의가 몰려왔기 때문이었다. 지금까지의 신앙도 자신의 의지라기보다 어머니의 신앙에 얹혀간 것 같았다. 그 여파로 개신교와 불교 및 이슬람교에까지 관심을 두기도 했지만 결국 종교에 대한 관심을 접게 되었다.

그러다 십 수 년이 지난 뒤, 우리 가정이 빚더미에 올라 곤경에 처하게 되자 절로 주님, 성모님 소리가 나오며 걸음이 나를 명동성당으로 데려다 놓았다. 삶의 실패자가 고향을 찾아가는 마음이었으리라.

당시 남편이 사업을 벌이다가 빚을 지게 되었는데 집 문제로 인하여 급전 삼백만 원이 필요한 일이 생겼다. 박정희 대통령 시해 사건이 일어난 직후라 돈 구하기가 하늘의 별 따기였다. 도움 청할 곳은 어디에도 없건만 나는 명동성당에 갔다가 성물 방에서 우연히 보게 된 『묵주의 9일 기도』라는 책자를 읽고, 돈 삼백만 원만 구할 수 있게 해달라고 생전처음 '묵주의 9일기도'라는 걸 해봤다. 그 돈은 작은 서민 아파트 전세 가격이었다.

놀랍게도 단 사흘 만에 기도의 응답이 왔다. 나라가 큰 혼란 지경인데 평소 교류가 전혀 없었던 옛 지인으로부터 당대로선 매우 큰돈인 삼백만 원을 주겠다는 전화가 먼저 걸려온 거다. 나는 그만 전율이 일면서 '하느님이 계신가?'에서 '하느님은 계시다.'는 확신이 들기 시작했다. 그 일을 계기로 동네 성당을 찾아가 신앙생활을 새롭게 이어가며 언제고 글을 쓰게 된다면 종교적 문학을 하고 싶다는 바람도 품게 되었다.

한데 신앙은 하늘을 바라보게 하고, 문학은 땅에 발을

붙이게 한다. 종교성에 갇힌 문학은 교훈적 도식에 머물 위험이 있기에 장차 내 글이 가벼운 신앙 증거로만 흐를까 지레 염려되었다. 그렇게 신앙과 문학을 향한 동경이 내 안에서 두 개의 허파로 자리하고 있었다.

비평가 김윤식이, 문학은 인간 삶에 대한 언어적 인식이며, 동시에 그 삶을 살아가는 방식에 대한 성찰이라고 했듯, 문학은 신과 삶에 대한 의문을 던지며 인간을 사유의 장으로 이끈다. 이 지점에서 문학은 종교와 결별하기도 한다. 그러나 인류의 첫 기록은 신화였고, 신화는 곧 신의 이야기였다. 성경, 불경, 코란 같은 경전은 단순한 종교 문헌을 넘어 인류 문학의 뿌리가 되었다.

내가 처음으로 성경을 관심 있게 읽은 건 중학생 시절이었다. 우리 학교가 감리교 미션 스쿨이라 성경은 정규 과목에 포함되었고 시험 성적에도 반영되었다. 당시 성경을 읽어가며 느낀 충격은 매우 컸다. '성스러울 聖'의 성경은 성스럽기만 한 책이 아니었다. 거기엔 거룩하고 고귀한 내용만 기록된 게 아니라 다양한 인간 삶의 추악한 얼룩들도 기록돼 있었다. 불순종과 교만, 질투와 살인, 약탈과 피비린내 나는 전쟁, 하물며 간음이나 근친상간 같은 문제도 담겨 있었다.

만일 성경에 엄숙하고 경건한 모범 인간들의 이야기만 담겨 있었다면 나로선 쉽사리 닿을 수 없는 이상향의 이야기로 다가와 책장을 덮었을지 모른다. 그러나 성경 속엔 인간의 나약함과 죄악과 불순종을 적나라하게 보여주는 가운데 그런 인간을 향한 하느님 구원의 드라마가 전개되고 있었다.

성경은 경전인 동시에 문학이었다. 문학이 삶의 파노라마를 그려내듯 성경에도 유구한 인간세상에서 벌어지는 다양한 인간의 모습들이 담겨 있었다.

문학의 시선은 자유롭다. 신을 찬미할 수도, 신의 침묵을 놓고 원망하며 회의할 수도 있다. 종교는 절대자에 대한 믿음을 통한 구원의 길을 가리키지만, 문학은 그 길 위에서 망설이고 방황하는 모습을 기록한다. 그 긴장 속에서 문학은 인간의 진실을 더 온전히 보여준다. 문학이 종교에 갇혀서는 안 된다는 건 인간 모습의 다양성을 제한하지 말아야 한다는 뜻일 것이다. 종교적 메시지 전달이 우선하면 인간 내면에서 충돌하는 욕망과 죄의식, 의심 같은 복합성이 은폐되거나 사라지며 시대와 문화를 넘어서는 보편적 공감을 상실한다.

종교와 문학은 결국 나란히 걸어가는 동반자일 터. 나는 수필을 쓰면서도 한편으론 소설에 대한 미련을 품어왔는데, 모든 문학이 인간을 다루지만 인간의 실상을 여과 없이 치열하게 보여주기엔 역시 소설이라는 생각을 했기 때문이다.

하느님을 향해 고개를 들어 올리면서도 땅에 발붙인 채 흔들리고 고뇌하는 인간의 모습을 있는 그대로 담아내려 한다. 하여 하늘과 땅 사이에서 신앙과 문학의 세계를 오가며 오늘도 미력한 힘으로 글을 써 나가고 있다.

---

* '묵주의 9일기도'는 예수님의 탄생과 수난과 부활에 이르는 신비를 묵상하며 성모님께 27일간의 청원 기도와 27일간의 감사기도를 54일간 바치는 기도이다. 현재는 '빛의 신비'가 추가되었으며 기도자의 청원이 이루어지지 않아도 감사기도를 올려야 한다.

2. 이런 기도도 있다

이따금 명동성당을 찾아가는 건 그곳이 내 신앙의 탯자리이자 영혼의 고향이기 때문이다. 명동성당에 가면 성체조배를 하고 스테인드글라스의 영롱한 색채들을 바라보며 어릴 적의 추억에 잠기다가 성물 방에 들러 종교 서적을 둘러보곤 한다.

오랜만에 명동성당에 갔다가 기도를 마친 후 성당 옆 성물 방으로 갔다. 그때 눈에 들어온 책자가 베르나데트 맥카버 스나이더의 『주님, 나이 드는 것도 좋군요』였다. 젊었더라면 다른 책을 골랐을 테지만 자석에라도 끌리듯 나는 그 작은 책자의 제목에 이끌렸다.

책을 빼들고 우선 서문부터 훑었다. 저자는 "당신은 인생의 어느 지점에 있습니까?"라는 질문을 던지며 언제 어디서나, 기쁘든 슬프든 조금씩 기도할 것을 권하였다. 저자의 질문은, 아담과 하와가 에덴에서 금단의 열매를 따먹고 숨었을 때 "너 어디 있느냐?" 하시던 하느님의 말씀을 상기시켰다. 기실 이 물음은 실존적 각성을 일깨우기에 평생 동안 쉼 없이 던져야 할 화두 아닌가.

집으로 돌아가는 전철 안에서도 책을 놓지 않았다. 읽는 동안 저자에 대한 깊은 동질감 때문인지 미소가 나오며 젊은 날의 내 모습이 떠올랐다. 삼십대 무렵, 우리 집안은 사면초가에 처해 있었다. 남편이 시작한 사업이 뜻대로 되지 않아 많은 빚을 지게 되었고 이자와 직원들 월급을 해결하려면 생활비를 제외하고도 매달 100만 원의 돈이 필요했다.

그러던 어느 날, 나는 식구들이 모두 나간 후 여느 때처럼 소파에 앉아 묵주를 손에 쥐었다. 이자와 직원 월급 줘야하는 날이 바로 내일인데 통장은 바닥나고 돈 들어올 구멍은 바늘 끝만큼도 보이질 않았다. 남편은 일만 늘어놓을 뿐 돈 감당은 내게만 의존했기에 묵주 알을 돌리면서도 묵상보다는 잡생각만 부풀어 쓴웃음이 나왔다.

"이게 무슨 기도람? 이건 기도가 아니라 잡념의 쓰레기일 뿐이야!"

결국 묵주 알을 손에서 놓고 말았다. 그리곤 물을 끓여 커피를 홀짝거리다가 벽에 걸린 십자고상을 바라보았다. 기분이 심드렁해 그분께 시비라도 걸듯 중얼거렸다.

"주님, 그렇게 벽에만 붙어계시지 말고 잠깐 내려와 저랑 커피나 한 잔 해요. 지금 주님께 드릴 말이 엄청 많아요. 당신은 우리 집 사정을 잘 알고 계시겠죠? 저는 요즘 너무나 힘들어서 말씀으로 이겨내려고 성경도 많이 읽었어요. 근데, 주님은 우리를 위해 죽기까지 고통을 받으셨지만 빚을 져 본 적은 없더군요. 그러니 빚진 자의 고통을 어찌 아시겠어요? 아신다고 해도 그렇지, 관념적으로 안다는 것과 실제로 겪는다는 건 하늘과 땅 차이라 주님은 직원들 월급을 못주는 고통을 모르실 겁니다. 누군가가 저희로 인해 고통을 받는다는 건 정말로 죽을 맛이에요. 너무 힘들어서 이젠 기도도 못하겠어요."

남편의 빚이 주님과 무슨 상관일까만 계속 그분께 투정부리다가 그만 눈물이 나왔다. 보는 이가 없어 얼굴이 질편해지도록 내버려두었다. 조금 진정이 되었을 때 한숨 한번 내어 쉬고는 마무리로 이마와 가슴에 성호를 그었다. 바로 그때 전화벨 소리가 들려왔다. 이웃 교우 글라라 씨의 전화였다. 그녀는 대뜸 100만 원쯤 여유가 있는데 쓰지 않겠냐고 물었다. 놀란 나는 십자고상을 바라보았다.

"주님, 정말로 제 말을 다 듣고 계셨어요?"

당시 사채 이자는 보통 3부로 통용되었고 3부5리를 달라는 사람도 있었는데 그녀는 은행 이자 정도만 주면 된다고 했다. 철딱서니 없는 시비조의 주절거림도 주님께선 기도로 받아주신 것 같았다.

다시 책으로 돌아간다. 저자가 "언제 어디서나 조금씩 기도하라. 어디를 가든, 무엇을 하든, 기쁘든 슬프든 그저 기도하라. 당신의 인생에 일어나는 일이 무엇이든 모두 기도로 바꾸어보라."고 했듯, 이 책은 인생사의 소소한 일들을 기도로 바꾸는 저자 베르나데트의 기도 철학으로 이어져 있다.

그녀는 마음에 쏙 드는 구두를 싼 값으로 샀다고 기뻐하며, 페디큐어를 해서 기분이 좋다면서 시시껄렁한 일까지도 주님께 보고하는가 하면, 슬프고 외로운 날엔 오늘은 얼마나 우울한지 그 탓을 다 주님 탓으로 돌릴까 생각했다고 투덜대기도 한다. 이런 모습이 어찌나 나와 닮았던지 나는 속으로 "친구여!"라고 외쳤다.

자질구레한 일상사를 주님께 아뢰며 그렇게 기도한다면 세상에 기도 아닌 게 없고 기도를 어려워 할 신자도 없을 거며 기도를 약 먹듯 굳은 표정으로 해나갈 사람도 없을 것이다. 나도 그랬지만 그녀의 기도는 엄숙주의로만 흐르지 않고 영성 깊은 성인 성녀들이나 할 수 있는 기도가 아니라서 친근하고 편안하게 다가왔다.

나는 복음서에 기록된, 하느님의 나라는 어린이들과 같은 사람들의 것이라 하셨던 주님 말씀을 떠올렸다. 어린이를 사랑하셨던 주님 태도로 미루어 보건데 그분은 분명 우리에게서 바리사이적인 기도를 원치 않으시고 근엄 일변도의 기도 역시 흥미로워 하지 않으실 것 같다.

앞서 말했듯 나는 오랫동안 돈 가뭄으로 고초를 겪으면서 주님께 돈 달라는 세속적 기도를 자주 하였다. 다급한 일로 청원의 기도를 올릴 때는 혹시라도 내 청을 안 들어줄 경우를 대비해 "제가 망하는 꼴 보기 좋으시면 당신 마음대로 하셔요."라고 으름장(?)을 놓은 적도 있었다. 그때도 주님은 한심한 내 기도를 들어주셨다.

물론 모든 청원의 기도가 응답 받는 건 아니었지만 어느 땐 부르짖자마자 주님께서 즉석에서 이루어주시는 걸 보며 놀라기도 하고, 응답 없는 기도는 왜 이루어지지 않았을까를 생각해보곤 했다. 그건 인간이 헤아릴 수 있는 문제가 아닌 것 같았다.

자평하건데, 나는 주님의 입안에서 살살 녹는 웨하스 같은 신자가 아니다. 때론 반항적이고 때론 쇠심줄 같이

질기며 골치 썩이는 문제아에 속한다. 그럼에도 주님은 내가 스스로 깨우칠 수 있기를 기다려주시는 것 같았다.

신앙인들은 '영성'이라는 말을 자주 한다. 영성의 사전적 정의는 '신령스러운 품성이나 성질'이라 돼 있다. 그 정의대로라면 영성이란 다분히 성인(成人)적이고도 성인(聖人)적인 의미를 담고 있어 범인은 오를 수 없는 경지요 세속과는 분리된 영역 같다. 과연 그런 것일까. 예수님의 오상(五傷)을 몸에 받은 성인 성녀처럼 초자연적 신비체험이나 신비현상을 겪는 것만이 영성이 깊은 것일까. 영성은 쉽고 소박해서는 안 되는 건 물론, 해학을 곁들여서도 안 되는 걸까. 나는 가끔씩 주님과 대화 나누며 주님을 웃겨드리고 싶은 적도 있었기에 나만의 영성을 키워가려 한다. 토마스 머튼도 완벽한 기도보다 정직한 기도, 복잡한 이론보다 단순한 고백이 더 깊은 평화를 가져다준다고 하지 않던가.

저자 베르나데트는, 노년을 살아가면서도 씩씩하게 나이 들어가는 모든 분에게 이 책을 바친다고 했으나 힘없이 우울하게 늙어가는 노령의 인생들이 읽어야 할 책이 아닌가 싶었다. 그들은 이 책을 통해 위로받게 될 것이다. "기도란 게 이런 거였어? 그렇다면 나도 얼마든지 하겠네."라고 하면서.

여기서 유념할 게 있다. 저자의 기도는 평범함 속에서도 신앙의 예지가 군데군데 빛나고 있었다는 점이다. 주님을 향한 열린 마음과 절대적 신뢰가 반짝였다. 우리 또한 그런 자세로 임한다면 삶의 기쁨이나 감사는 물론 원망이나 투정도 주님께 올리는 기도가 될 것 같다. 기도의 낙천주의! 내가 이 책의 마지막 장을 읽어 내리며 내린 결론이다.

3. 하느님의 침묵 속에서

살아오는 동안 고통에 직면할 때면 "왜?"라는 질문을 던졌다. 왜 내게 이런 일이 일어났는지, 왜 세상의 선한 이웃이 무고한 고통을 겪는지, 그런데도 주님은 왜 침묵으로만 일관하시는지를. 이는 자신을 향한 질문인 동시 신에게 묻는 것이기도 했지만 머리가 커가면서 시나브로 내 의식이 수정되었다.

인간사란 개인의 행위나 정치 사회적 문제가 영향을 미치지만 하느님은 그때마다 개입하지 않으신다고. 그분은 시시콜콜 관여하지 않을 뿐더러 우리를 대신해 살아주지도 않으신다고. 그럼에도 우리가 곤경에 처했을 때 그분을 향해 고개를 돌리면 고요함 속에서 의견을 주시며 다시 일어설 힘을 회복시켜주신다고.

어느 날 나는, 만약 하느님이 사랑이라는 이름으로 내 결함과 실책을 그때마다 간섭하며 지적하셨다면 가히 고문 수준이 됐을 거란 상상을 하며 혼자 웃었다. 자녀를 키워보면 안다. 부모가 자녀를 위해(인간과 하느님의 사랑법이 같진 않지만) 하는 충고나 잔소리가 때론 얼마나 자녀를 힘들게 했는지를.

이후로는 어쩌다 자식에게 서운한 일을 겪어도 내색하기보다 가급적 혼자 삭이며 하느님의 마음을 묵상하려 노력하였다. 나의 서운함은 곧 하느님이 내게 느끼셨을 기분과 유사할 터. 그런 생각을 하고 나면 풍랑이 일던 마음이 잔잔해지면서 그분의 침묵이 얼마나 감사하고도 다행한 일인가 싶었다.

혹자에게 하느님은 부재하다. 또는 저 멀리 하늘에 있는 인격적 존재가 아니라 깊은 침묵이나 명상 속에서 만나는 참된 우주적 자각이자 생명 그 자체로 해석될 수도 있다. 하느님은 '존재'라기보다는 우주의 근본 원리나 생명의 근원으로 다가올 수도 있다.

등산을 할 때면 세상의 종교들과 절대자를 부르는 다양한 이름에 대해 생각하게 된다. 같은 산이라도 방위에 따라 산의 형태는 같지 않고 등산로에 따라 산의 속살이나 풍경도 각기 다르다. 더 빨리 정상에 오르는 지름길도 있고 에돌아 가야하는 길도 있다. 그러나 산의 정상은 하나이며 정상에 오르면 사방을 한눈으로 조감할 수 있게 된다.

인류의 양식도 각 지역의 기후나 생태 환경에 따라 전혀 다른 식문화를 발전시켜 왔다. 쌀이나 밀을 주식으로 하는 지역이 있는가 하면 북극권의 에스키모들은 식물자원이 거의 없어 육고기나 생선을 날것으로 먹어왔다. 그러나 무엇을 먹었든 그것은 일용할 양식이란 점에서 본질적으로 동일하다.

그런 이유로 나는 사이비 종교를 제외한 타 종교에도 열린 마음으로 살아왔지만 나 자신은 예수 그리스도라는 길을 통해 하느님께 도달하려고 한다. 다른 등산로를 택한 사람도 언젠가 하나의 정상에서 마주할 수 있기를 바라면서.

성 아우구스티누스는 "당신이 이해했다면 그건 하느님이 아니다."라 했고, 예수회 사제였던 앤소니 드 멜로는 "대부분의 사람들이 자기가 생각하는 하느님의 모습들(images)에 사로잡혀 있다. 이것이 하느님께로 가서 닿는데 가장 큰 장애물이다."라고 하였는데, 매우 공감 가는 말이었다. 같은 그리스도교인을 보아도 하느님의 이미지는 각각이었다. 하여 근시안적으로 특정 종교와 교파만을 광적으로 부르짖는 자나 무신론을 단언하는 자들을 보면 자기가 파놓은 우물 안에서 바라본 하늘만을 우주라고 우기는 사람들 같았다.

신의 관여는 바람의 근원처럼 느껴지지 않지만 분명히 존재하는 흐름이며 삶이란 결국 신과 내가, 신과 인간이 함께 써 내려가는 공동의 서사일 테다. 신은 배경을 만들고 인간은 그 위에 자신의 길을 그린다. 그 길은 종종 과오와 실수로 얼룩졌어도 그분께 닿아 있는 한 그분은 그 흠결조차 의미 있는 무늬로 바꾸어놓으며 나를 성장시키시는 것 같았다.

이규보(李奎報·1168~1241)의 산문 〈문조물(問造物)〉에도 보편적 인간들이 흔히 품을 수 있는 의문이 나온다. 〈조물주에게 묻다〉라는 현대어 번역을 일부 옮겨본다.

> 나는 하늘을 우러러 물었다.
> "하늘이여, 만물의 주재자여!
> 그대는 어찌하여 사람을 고르게 만들지 않으셨는가?
> 어떤 이는 귀하게 태어나고, 어떤 이는 천하게 태어난다.
> 어떤 이는 부자로 살고, 어떤 이는 가난에 시달린다.
> 어떤 이는 총명하고, 어떤 이는 어둡다.

이 모든 것이 당신이 만든 것 아닌가?"

하늘은 웃기만 하고 대답하지 않았다.

잠시 후, 구름 사이로 소리가 들려왔다.

"아아, 인간이여, 어찌 그리 어리석은가.

너는 내가 불공평하다고 하지만,

나의 뜻이 그러한 까닭을 모르고 하는 말이로다.

천지 사이에 만물이 함께 생겨나되,

각기 질서와 자리를 갖추어야 한다.

높고 낮음이 없으면 산이 이루어지지 않고,

위와 아래가 없으면 계단이 만들어지지 않는다.

귀천과 빈부는 세상의 이치요,

편벽한 사사로움이 아니다.

세상 사람들이 모두 귀하고 부유하다면,

누가 천하고 가난한 이의 일을 하겠는가?

모두 총명하고 밝다면,

누가 어리석고 어두운 일을 맡겠는가?

그러므로 나는 각자의 수(數)를 정하여

모두 제 운명에 편안히 머물게 한 것이다."

내가 다시 물었다.

"그렇다면 사람은 힘으로 그 운명을 바꿀 수 없는가?"

하늘이 말하였다.

"운명은 나에게 달려 있지만,

부지런한 자는 얻기도 하고, 게으른 자는 잃기도 한다.

이 또한 이치의 변화이니, 내가 완전히 통제하는 것은 아니다."

나는 고개를 숙이고 절하며 말했다.

"하늘의 이치는 참으로 지극하도다.

그러나 나는 여전히 의혹을 떨치지 못하겠구나."

고려의 문관 이규보 또한 세상을 바라보며 조물주를 향해 많은 의문을 품었던가 보다. 나 역시 그분의 뜻을 헤아릴 길 없고 의혹은 여전하나 종교적 불가지론에 함몰되진 않는다. 인간은 광대한 우주 안의 한 점 티끌인지라 하느님을 완전히 알 수 없는 건 지극히 당연한 거라고 받아들인다. 유한한 3차원적 존재가 무한한 절대자의 모든 걸 알려하는 마음이야말로 분수를 모르는 교만일 테다. 다만 이해할 수 없는 순간에도 그건 신의 부재가 아니라 침묵 속의 현존이라는 걸 믿는다. 존재 자체인 신은 결코 우리를 떠난 적이 없고 떠날 수도 없다. 단지 우리가 그분의 언어를 알아듣지 못할 뿐이다.

삶은 하느님이 우리에게 맡기신 거대한 자유의 실험장이요 배움의 들판 같다. 하느님은 우리를 기계처럼 조종하지 않음으로써 우리를 자율적 인간으로 세우신다. 나는 여전히 그분의 뜻을 다 알지 못하나 이제는 그분이 내 삶에 관여하시는 방식을 조금은 이해한다. 그것은 간섭이 아니라 함께함이다. 그분은 오늘도 침묵으로 말씀하신다. 내가 스스로 길을 내며 살아가기를 바라시면서 그 길 위에서 나와 함께 걸으신다.

4. 작은 마리아

하느님께 등 돌리고 살다가 다시 성당에 나가기 시작했을 때, 냉담했던 세월을 보속하려고 매일 새벽 미사 참례를 하였다. 집에서 성당까지 거리가 꽤 되어, 지름길로 연결되는 동네 야산을 넘어 다녔다. 비가 오나 눈이 오나 하루도 거르지 않았다. 겨울날 집을 나서면 주위가 캄캄해 두 눈에 불을 밝힌다는 다짐으로 걸어가야 했다. 흰 눈이 쌓이면 거북이 걸음으로라도 미사에 빠지지 않았다.

미루던 견진 성사를 받고 본당 레지오마리에 활동을 하였으며 성경 공부를 하고 성령세미나도 받았다. 그러자 하느님이 먼 하늘의 추상적 존재가 아닌 가까이에 계신 실존으로 와 닿으며 그분 숨결이 느껴졌다. 하느님과 열

애라도 하는 기분이었다.

나는 엉성한 듯 예민한 구석도 있어 사람들에게서 내가 싫어하는 요소가 발견되면 손톱의 거스러미마냥 신경이 거슬리곤 한다. 나 또한 결함이 많음을 알면서도 그러했다. 숭고해 보이는 사람이나 사회적 존경과 칭송을 받는 사람도 깊이 알고 나면 실망이 따라왔다. 나도 그렇듯 인간이란 가변적이고 불완전한 자들이었다.

그러다 하느님께 돌아가니 비로소 내가 안착할 대상을 만난 것 같았다. "하느님은 우리를 당신을 향해 지으셨기에, 당신 안에서 쉼을 얻기까지 우리의 마음은 안식을 얻지 못한다."고 했던 성 아우구스티누스의 고백이 나의 고백으로 되뇌어지면서 과거의 나처럼 냉담 중인 이들을 위한 기도가 절로 나왔다. 그들도 나처럼 다시 돌아와 하느님 안의 기쁨을 누릴 수 있기를 기도하였다. 가깝게는 측근으로부터 지구촌 어딘가에 있을 불특정 다수의 냉담자들까지 염두에 두며 간절한 기도를 바쳤다.

그러던 어느 날, 기도를 하다말고 나도 누군가가 기도를 해줬기에 다시 신앙을 회복한 건지 모른다는 생각이 문득 스쳤다. 그 누군가는 딸의 냉담을 안타까워하던 내 친정어머니일 수도 있고, 미지의 신자였을 수도 있고, 수도원 밀실에서 세상의 냉담자들 회심을 위해 기도해 준 수도자일 수도 있었겠지만, 무엇보다 이런 날을 기다리며 전구해주셨을 성모님의 은혜인 것 같아 가슴이 뻐근하도록 감사한 마음이 들었다.

몇 해 전의 가을날, 일이 있어 나갔다가 집으로 가기 위해 동대문 역에서 4호선 전철을 탔다. 출퇴근 시간대도 아닌데 빈 좌석이 안 보여 서서 가야 했다. 좌석에 길게 앉아 있는 사람들은 저마다 핸드폰을 보거나 졸고 있었다. 내 앞에 앉아 있는 젊은 남자도 졸고 있는 사람 중 하나였는데, 삼십 전후로 보이는 그의 손엔 핸드폰이 아닌 묵주가 들려 있었다.

가톨릭 신자여서겠지만 나는 거리에서 묵주기도 하며 가는 이들을 보면 무심히 보게 되질 않는다. 전철 안에서도 더러 보는 광경인데, 묵주를 쥔 사람들은 대부분 여성이거나 나이 든 이들이 많았다. 때문에 젊은 남성이 특별하게 보였고 뭔가 간절한 사연이 있는 듯싶었다. 청년은 맥없이 입을 벌린 채 머리를 창문에 기대고 있었다. 그 모습이 측은해 머릿속으로 온갖 상상이 지나갔다. 분명 절박한 사정이 있어 묵주기도를 했을 터나 옷매무새를 보면 갑자기 집안에 무슨 급한 일이 생겨 회사에서 조퇴를 하고 가는 것 같기도 했다. 하지만 내 상상은 취업 문제로 회사에서 면접을 보고 돌아가는 중인지도 모를 거란 쪽으로 바뀌었다.

전철은 덜컹거리며 달리고, 창에 기대었던 청년의 고개는 점점 앞으로 숙여지고, 묵주를 잡고 있던 그의 손은 맥이 풀려갔다. 나는 호주머니에 있던 묵주를 매만지며 조용히 하늘 어머니께 아뢰었다.

"성모님, 이 청년이 못 다한 기도를 제가 대신 이어갈 테니 주님께 전구하시어 이 청년의 소망을 이루도록 도와주세요."

어디까지 가는지는 몰라도 청년은 역을 몇 정거 지나도록 눈을 뜨지 않았다. 묵주는 그의 손아귀에서 계속 간당간당 흔들렸다. 드디어 우리 동네인 노원역에 도착해 나는 그를 성모 마리아께 의탁하고 전철 밖으로 나왔다. 집을 향해 가면서도 계속 그 젊은이가 뇌리에서 떠나질 않았다. 기도를 이어가려니 외람되게도 내가 작은 마리아라도 된 것 같았다. 오래 전에 보았던 캐롤 베이커 주연의 〈기적〉이란 영화의 한 장면이 떠올랐기 때문이었을 것이다. 그 영화의 스토리는 대략 다음과 같다.

나폴레옹 전쟁 시기. 스페인 수녀원의 젊은 수련 수녀 테레사(캐롤 베이커)는 부상당한 영국 장교 마이클(로저 무어)을 간호하면서 그와 사랑에 빠진다. 장교가 떠나자 수도자의 길과 사랑을 놓고 방황하던 그녀는 사랑을 찾아 수녀원을 떠난다. 그리고 바로 그날 수녀원에선 성모상이 사라지는 이변이 일어난다. 성모 마리아가 테레사 수녀로 변하여 그녀의 빈자리를 대신하신 거였다.

한편, 세속으로 나갔던 테레사는 마이클이 죽은 줄 알고 집시 무리와 함께하는 등 열정적인 삶을 살지만 우여곡절 끝에 수녀원으로 돌아가고, 그녀의 귀환과 함께 사라졌던 성모상이 제자리에 돌아오며 영화는 끝난다. 성모상이 사라졌다가 다시 나타나는 장면은 참으로 감동적이었는데 짧은 순간이나마 내가 잠든 청년의 기도를 대신하였기에 그런 연상 작용이 일어났던 모양이었다.

나는 생각한다. 나무숲이 공기를 정화하듯 내 기도는 작은 나무 잎새 하나가 되어 미력하나마 누군가의 고통을 정화하고 아픔을 덜어주는 영혼의 산소로 닿을 거라고. 오병이어(五餠二魚)의 기적처럼 내 기도를 주님께서 채워주시면 된다고.

우리가 사도신경에서 하듯 통공(通功)이란 공(功)이 서로 통(通)한다는 뜻이다. 공로와 선행이 서로 통하여 세상에 살고 있는 신자들과 천국의 영혼들과 그리고 연옥에서 단련을 받는 중인 영혼들 모두가 기도와 희생과 선행 등으로 서로 도울 수 있게 결합되어 있다는 믿음은 참으로 희망적이다.

하여 누군가는 나를 위해 기도하고 나는 또 누군가를 위해 기도한다. 북미 원주민의 인사에 '미타쿠예오야신(모든 것은 연결되어 있다, 우리는 서로 연결되어 있다는 의미)'이란 말이 있는데, 통공에 대한 신앙은 어떤 처지에서도 나를 외롭지 않게 한다.

5. 우리 셋이서

다시 교회의 품으로 돌아왔을 때 마른 모래에 빗물 스미듯 하느님을 받아들였다. 나는 주님께 감사의 예물을 드리고 싶었지만 형편이 안 되어 하루는 이런 기도를 올렸다.

"주님께 받은 은혜가 너무 크기에 감사 미사를 드리고 싶어도 제겐 여유가 없습니다. 그러나 제 몸으로 대신 할 수 있는 일이라면 뭐든지 사리지 않고 하겠습니다."

기도를 마치고 나자 전화벨이 울렸다. 성당 구역장님 전화였다. 그분은 거두절미하고 용건부터 말씀하셨다.

"안나 씨, 어렵지만 그 동네 구역 반장 일 좀 맡아주세요. 그쪽이 애매한 위치라 관리가 잘 안되고 냉담자도 꽤 있는데, 일을 해줄 사람은 없고 신자 가구는 육십 세대나 돼요."

언젠가 돈 문제로 기도했을 때 즉시 응답 전화가 온 적이 있었지만 그날도 상황이 똑같았다. 기도가 끝나자마자 구역장님이 옆에서 듣기라도 하듯 연락을 하신 것이다. 방금 전 하느님께 몸으로 하는 일이라면 뭐든지 하겠다고 했던 터라 즉시 "네."라고 순종했다. 내성적이고 교우들과 교류도 없던 처지라 사양하고 싶었으나 그럴 수가 없었다.

통화를 마치고 나자 겁이 더럭 났다. 나는 평소 땅만 보고 걷는 버릇이 있는데다가 무슨 생각에 빠지면 사람들을 코앞에서 마주쳐도 모르고 지나가기가 일쑤였다. 그 때문에 거만하다고 오해하는 이들도 많았다. 교우들과 친교도 없던 위인이 구역반장을 맡는다면 누가 협조하며 내 말을 따라줄 것인가.

나는 주님께 기도드린 뒤 신자들 명단과 주소를 정리하여 그들 가정을 찾아 나섰다. 어떤 집은 반겨주는가 하면 어떤 집은 성당에 안 나간다거나 다른 종교로 바꿨다며 문을 열어주지 않았다. 또 어떤 집은 현관문에 굳이 강남에 있는 모 본당의 교패를 붙여놓고 자긴 그쪽으로 나간다며 거절 의사를 밝혔다.

한데 나는 그런 교우들을 볼 때면 불쾌감보다도 이상하

게 호기심과 투지가 솟았다. 신앙적 사명감도 있었지만 일종의 승부욕 같은 거였는지 모른다. 결국 내 바람대로 그들 모두를 우리 본당으로 이끌었다.

지금 생각해보면 당시 그들을 대할 때 준비 기도를 충실히 하기도 했지만 나의 문학적 소양이 도움되었던 것 같다. 나는 그들의 심리를 헤아려가며 경험을 나눠주고 일단 내 말에 흥미를 가질 수 있도록 유도하였다.

원래 집 밖을 싫어하던 내가 교우들을 찾아 먼데 가까운 데를 가리지 않고 걷는 게 일상이 되다보니 일 년이면 서너 달씩 안고 살던 감기가 얼씬거리질 않았다. 결혼식 날에도 기침을 쿨럭였던 나로선 너무 놀랍고 감사한 일이었다. 그 외에도 이따금 성가시게 아프던 몇 가지 증상도 모두 사라져버렸다. 반 모임이나 봉사활동으로 신앙과 친교를 다지는 시간이 내게 기쁨과 은총을 안겨주는 활력의 통로가 되었으니 그럴 만도 한 일이었다.

그러던 어느 날이다. 말벗이라도 되어드리려 혼자 사는 교우 할머니 댁을 찾아갔다. 당시 그분은 칠십여 세 노인이었는데 젊은 내 눈엔 상당히 연로한 분으로 보였다. 허름한 주택의 단칸방에서 셋방살이를 하고 있었고, 작은 문갑과 그 위에 놓인 14인치 TV와 서랍장 위의 이불 몇 채가 살림의 전부였다. 방으로 들어가 앉으니 우리 두 사람으로 인해 방이 그득해졌다. 몇 마디 대화를 나눈 뒤 할머니께 물었다.

"매일 혼자서 식사 하려면 적적하실 때도 있으시죠?"

할머니는 빙그레 웃으셨다.

"혼자 먹지 않습니다. 셋이서 먹어요."

딸린 군식구라도 있는가보다 싶어 다시 물었다.

"아, 누가 또 계신가 봐요?"

"그게 아니고, 밥상 차릴 때마다 언제나 수저 세 개를 놓지요 그러면서 주님, 성모님, 우리 셋이서 식사합시다, 하며 먹습니다."

아, ……! 나는 아무 말도 할 수 없었다.

그분은 생각으로만 수저 세 개를 놓은 게 아니라 실제로 삼인분의 수저를 놓았다. 주님과 성모님에 대한 현존 의식이 그만큼 깊었기에 가능한 일이었을 것이다. 또한 천진한 영혼을 지녔기에 가능했을 일이다. 그분의 가난한 밥상은 얼마나 충만하고 따뜻하였을까. 얼마쯤 더 머물다 집으로 돌아가는데 할머니로부터 천상의 선물이라도 받은 기분이 들었다.

봉사활동을 하다보면 도움을 준 게 아니라 오히려 뭔가를 배우며 더 큰 선물을 받는 것 같을 때가 많았다. 일을 마치고 돌아설 적마다 가슴 뿌듯이 차오르는 기쁨과 보람 덕분이었을 것이다. 그럴 때마다 인간이란 이기적 존재 같으면서도 그것만으론 정신의 만족을 채울 수 없는 존재란 생각이 들며, 우리가 선의 근원이신 하느님으로부터 창조되었다는 게 깊이 절감되곤 하였다.

어느덧 내가 그 할머니 연배가 되었다. 그분처럼 나도 홀로 되어 새벽에 혼자 눈 뜨고 혼자 밥 먹고 때로 혼자 아프기도 한다. 그럼에도 외로움을 그다지 느끼지 않는 건 신앙 덕분일 거라고 생각한다. 집안엔 늘 나 혼자 뿐이라 대화 상대는 주님이나 성모님이다. 베란다에 작은 탁자와 의자 두 개를 갖다 놓고 하나는 주님의 자리라며 주님 향해 중얼거리기도 한다. 내 중얼거림은 말 그대로 그냥 일상적 수다에 가까워서 날씨가 좋다느니 밥을 너무 많이 먹은 것 같다느니 하며 소리 내어 아뢴다.

세월이 많이 흘러 할머니는 이미 하늘나라 시민이 되었겠다. 눈을 감는 마지막 순간에도 주, 성모님의 보호를 받으며 천상으로 오르셨을 것으로 믿는다. 니체는 "무서운 깊이 없이 아름다운 표면은 존재하지 않는다."고 하였는데, 그런 경지에 이르기까지 할머니의 고독과 그 속에서 견고해졌을 주님에 대한 믿음과 의탁의 모습이 쉽게 상상

된다. 쪽빛 바다의 색상은 그 바다의 깊이가 빚어낸 것이듯 할머니 또한 외로운 밤을 무수히 지새우신 후 신앙이 더 깊어지고 짙어지셨으리라.

"하느님을 사랑하는 이들, 그분의 계획에 따라 부르심을 받은 이들에게는 모든 것이 함께 작용하여 선을 이룬다는 것을 우리는 압니다."

로마서 8장에 나오는 '모든 것' 속에는 우리 생의 모든 기쁨과 고난, 허물과 눈물이 들어 있을 것이며, 희망과 절망, 고독과 실패도 포함될 것이다. 하여 '모든 것이 함께 작용하여'라는 구절에 다시 밑줄을 그으며 "아멘."이라고 응답한다.

6. 수호천사

수호천사께 자주 기도를 드린다. 무신론자들에겐 황당하게 들리겠지만 나는 하느님이 우리를 돕도록 창조하신 천사의 존재를 인정하기에 이렇게 기도한다.

"언제나 저를 지켜주시는 수호천사님, 인자하신 주님께서 저를 당신께 맡기셨으니 오늘 저를 비추시고 인도하시며 다스리소서. 아멘."

신약 성경 히브리인들에게 보낸 서간 1장 14절에도 천사들은 모두 하느님을 시중드는 영으로서, 구원을 상속받게 될 이들에게 봉사하도록 파견되는 이들이라 쓰여 있고, 구약 성경 시편(91〔90〕,11)에도 "그분께서 당신 천사들에게 명령하시어, 네 모든 길에서 너를 지키게 하시리라."는 말씀이 담겨 있다.

그리스도교적 수호천사는 유대교의 탈무드에 나오는 것이 기원이라고 하는데, 사람들을 지켜주는 영적 존재는 다른 종교에서도 널리 있는 개념이기도 하다. 개신교는 수호천사에 대한 견해와 믿음이 나와는 결을 달리 하는 것 같다. 그들에 대한 공경을 우상 숭배 개념으로 해석하는 이들도 많이 보았다.

이에 반해 가톨릭 신자들은 성모님을 비롯해 천사와 성인 성녀들을 공경하고 그분들께 전구(轉求)를 청한다. 천사에게 기도하는 건 하느님께만 드려야 할 흠모와 공경인 '흠숭지례(欽崇之禮)'와 달라서 우상숭배와는 분명히 구별된다. 그들은 다만 하느님 계획의 협조자이자 하느님으로부터 위임을 받은 영적 아군인 것이다.

수호천사를 만난 '로나 번'의 자전적 에세이 『수호천사』는 어렸을 때부터 세상에 존재하는 천사를 볼 수 있었던 그녀가 실제로 경험한 신비한 이야기를 담고 있다. 아무도 우리를 돌봐주지 않고 아무도 우리를 사랑하지 않는다고 여겨지는 힘든 시기에도 천사들이 우리 곁에 있다고.

내가 수호천사 얘기를 들은 건 초등학교 시절이었다. 주일학교 수녀님께서 우리 모두에겐 하느님이 지정해주신 각자의 수호천사가 있는데 그 천사가 우리를 보살펴주신다고 했다. 그 얘기를 듣는 것만으로도 마음이 놓여 어두운 길을 걸을 때면 하느님이 보내신 나의 수호천사가 내 곁에서 함께 걷는다고 상상했다.

어린 시절 성화(聖畵)나 성상(聖像)을 통해 본 천사는 곱슬머리에 커다란 흰 날개를 달고 있어 인간과 조류의 합성체처럼 보였다. 명동성당 제대 양옆에서 촛대를 들고 있는 천사 상을 볼 때면 남성인지 여성인지가 궁금했지만 천사는 여자로 보일 때도 있고 남자로 보일 때도 있었다.

내겐 수호천사에 얽힌 에피소드가 몇 가지 있다. 5년 전 가을의 일이다. 우리 동네 중랑천을 산보하는데 앞서 멀쩡하게 걷던 남자가 갑자기 비수에라도 찔린 듯 비명을 내질렀다. 동시에 바닥으로 쓰러져 소리치며 이리저리 나뒹굴기 시작했다. 나는 그가 정신이상자인 줄 알고 피해 가려는데 말벌 한 마리가 내 쪽으로 가까이 날아오는 게 보였다. 그제야 남자가 말벌에 쏘였음을 알아채며 공포가 엄습했다. 가을철에 말벌로 인한 인명 사고가 적잖이 보도되던 참이었다.

말벌을 피할 수 없겠다는 판단에, 나는 쥐고 있던 손수건으로 오른 손을 감싸면서 수호천사께 도움을 청하였다. 그 순간 말벌은 내 오른 쪽 귀를 쏘았다. 나는 즉시 손수건을 감싼 손으로 보이지도 않는 말벌을 어림하여 때려 잡았다. 얼마 후 조심스레 손수건을 펼쳐보니 죽은 말벌이 보였다. 단지 한방 쏘였음에도 부기와 통증이 어찌나 심하던지 병원에서 얼굴에만 주사를 열 군데나 맞고도 약과 독한 수면제 처방을 받아야만 했다. 그날 만약 녀석을 때려잡지 못했다면 더한 위험이 닥쳤을지도 모를 일이다. 수호천사를 불렀을 때 그분이 내 흥분을 절제시키며 함께 싸워주신 것 같았다.

또 한 번 수호천사를 절실히 부른 건 손녀가 초등학교 시절 학교에서 학예회를 하던 날이었다. 그날 전교생이 학교 강당에 모여 학년별로 악기연주회를 펼쳤다. 손녀는 아침부터 컨디션이 좋지 않더니 고열이 나고 콧물을 흘리는 바람에 방과 후에 병원으로 데려갔다. 의사는 목이 많이 부었다면서 알약을 줘도 괜찮겠느냐고 물었다. 단골 병원이라 손녀가 알약을 삼키지 못한다는 걸 알고 있기 때문이었다. 손녀는 잠시 머뭇하며 점심 때 머리가 아파 양호실에 갔더니 알약을 줘서 처음으로 먹어봤노라고 했고 의사 선생은 알약을 처방을 해주었다.

집에 돌아와 봉지를 펼치니 매끼마다 복용해야 할 게 물약 말고도 알약이 다섯 개나 되었다. 저걸 어떻게 다 먹이나 지레 걱정이 밀려왔다. 아니나 다를까, 손녀는 약을 먹기도 전에 못 넘길 것 같다면서 얼굴부터 찡그렸다. 밥과 반찬도 넘기면서 왜 그런 걱정을 하느냐고 타일러도 막무가내로 울기만 했다. 나는 언젠가 손녀가 실수로 알사탕을 통째로 넘겼던 일을 상기시키며 그렇게 큰 것도 목으로 넘어가지 않았느냐고 구슬렸지만 역시나 요지부동이었다. 알약을 작게 쪼개주기까지 해도 고집을 부리는 바람에 나는 손녀에게 나직이 말했다.

"그럼 우리 수호천사님께 기도를 하자. 수호천사님, 알약이 우리 지인이 목에 걸리지 않도록 도와주세요."

그제야 손녀는 마지못한 듯 쪼개놓은 알약들을 한 조각씩 넘겼고 마침내 캡슐 약 한 알만 남게 되었다. 캡슐 약은 쓴맛이 강할 것 같아 그건 그냥 넘겨보라고 일렀다. 그러자 손녀는 심란한지 한 손엔 물 컵을, 또 한 손엔 캡슐 약을 쥔 채로 의자에 앉다가 섰다를 반복했다.

베란다에 가느라 내가 잠시 자리를 비웠다 거실로 들어섰을 때였다. 저만치서 손녀가 어린이용 식탁 의자 발판(의자 높이가 성인용보다 높다)에 두 발을 딛고 일어서려던 중 실수로 컵을 놓치면서 옆으로 몸이 기울며 바닥으로 나둥그러졌다. 쿵, 하고 머리 찧는 소리에 눈앞이 아찔했다. 손녀는 찢어지는 소리로 울음을 터뜨렸다. 식탁 위와 바닥엔 날카로운 사기 조각들이 여기저기 흩어져 있고 손녀의 손등은 파편들로 하얗게 덮였다. 손녀를 일으켜 안고 얼굴부터 살폈다. 무섭다며 부들부들 떨고 있는 손녀의 몸이 내 가슴을 더욱 두근거리게 했다.

우선 손녀를 화장실로 데려 간 뒤 손등 위의 파편들을 샤워기로 조심스레 씻어 내렸다. 다행이 파편은 한 점도 살에 박히지 않았지만 놀란 손녀는 알약은 평생 안 먹을 거라며 더 큰 소리로 울어대었다. 나는 손녀가 진정할 때까지 품에 안고 등을 토닥여주었다. 혼비백산했던 손녀는 그 와중에도 "할머니, 내가 머리 다쳐서 바보 되지 않았는지 시험해 보게 계산 문제 좀 내주실래요?" 했다. 백지에 덧셈 네 문제를 내준 뒤 관심을 딴 데로 돌리기 위해 평소 즐겨 보는 TV 어린이 방송을 틀어주었다. 손녀는 문제를 풀면서도 흘끔흘끔 TV를 바라보았다. 서서히 평정을 되찾아 갈 무렵 나는 손녀의 손을 잡으며 말했다.

"정말로 수호천사님이 도와주셨나봐. 깨진 조각에 얼굴이 찔렸으면 어쩔 뻔 했어?"

"그러게요, 할머니."

손녀의 얼굴에 비로소 평안한 웃음이 감돌며 내 입가에도 미소가 번졌다.

7. 성호경

가톨릭 신자들이 가장 많이 하는 기도는 성호경이 아닐까 싶다. 신자라면 어떤 기도를 하든지 성호경으로 시작한다. 기도문을 생략하고 이마와 가슴에 십자성호만 그어도 완벽한 기도가 되는 거니 기도의 시작이자 끝이 이 성호경이다. 때로 마음이 산란하거나 몸이 아파 기도가 나오지 않을 때에도 간단히 성호경을 하는 것으로 우리는 이미 주님께 닿는다.

그럼에도 성부와 성자와 성령 삼위를 아우르며 부르는 성호경이, 이따금 과소평가 됐을 지도 모른다는 생각이 들곤 했다. 너무 짧고 간단해서, 수도 없이 해온 타성적 기도라서… 등등의 이유를 가지고 그 깊이와 위력을 간과

했는지도 모를 것 같아서였다. 매 순간 공기를 들이마시며 살면서도 공기의 고마움을 모르고 사는 것처럼.

하지만 십자성호는 하느님의 축복에 대한 기도 외에도 그 자체로 축복이 있다고 한다. 성호는 사탄이 두려워하는 것이며, 유혹에 대한 방패이고, 하느님과 십자가에 못 박히신 당신 아드님에 대한 상징이기 때문이라는 거다. 그런 배움 속에서 자란 덕인가, 어린 시절 어둠 속을 혼자 가야할 때마다 무심코 했던 기도도 십자성호를 긋는 거였고, 고등학교 시절 종교적 방황을 겪으며 종종 사탄이 등장하는 악몽에 시달릴 때도 가장 먼저 성호경을 바쳤다.

종교적 방황이 깊었던 그 당시 나는 근 1년여에 걸쳐 주기적으로 사탄과 싸우는 긴 악몽을 꾸었다. 고등학교 1학년 때 냉담자가 됐으면서도 꿈에서 악마가 나타나면 늘 성호를 그으며 주님을 찾았다. 성호를 그으며 기도를 시작하면 악마는 내 목을 조르며 기도하지 못하게 훼방을 놓았는데, 그럴수록 나는 더 큰 소리로 주님을 불렀고 악마 또한 내 목을 더 가혹하게 조여 왔다. 공포심으로 버둥대다 깨어나면 실제로 악마가 내게 다녀가기라도 한듯 목언저리가 한동안 아팠다. 지나고 생각하니 당시 내가 냉담하긴 했지만 하느님의 존재가 가슴에서 사라진 건 아니었기에 내 심리적 상태가 투영된 게 아닌가 싶었다.

오래 전에 들은 성호경에 얽힌 얘기가 있다. 어떤 이가 중국음식점에 가게 되었다. 음식이 나오자 그는 먹기 전에 성호경을 바쳤다. 음식을 먹고 난 뒤 식당을 나오려는데 식당 종업원인 젊은이가 쫓아 나오며 그를 불렀다. 그러면서 하는 말이, 자기도 성당에서 영세를 받은 적이 있다면서 손님이 식사 전에 성호를 긋는 모습에 울컥했다는 거다. 그는 집안 사정으로 가출하여 냉담 중이었는데, 기도하는 모습에 그만 가슴이 찔려 부모님께 안부라도 전해야겠다는 결심이 섰다는 거였다.

오래 전, 친구와 함께 동대문 시장에 갔다가 들렀던 먹자골목 순대 가게에서의 일이다. 순대 아줌마는 우리가 주문한 순대를 접시 가득이 담아내며 말했다.

"이게 미국까지 가는 거예요."

사실인지 아닌지는 몰라도 그만큼 자부심이 대단해보였다. 친구가 순대 아줌마와 말을 섞고 있는 사이 나는 혼자 성호를 긋고 조용히 기도했다. 그런 다음 젓가락을 들었다. 친구의 표정이 야릇해졌다.

"순대 먹을 때도 기도해? 이런 장바닥에서?"

나는 젓가락으로 순대 한 점을 집으며 웃었다.

"이렇게 맛있는 걸 먹는데 어떻게 기도를 안 해?"

친구는 계속 의아한 눈빛으로 나를 바라보았다. 순대

접시를 다 비운 뒤 가게를 물러나오며 혹시 시장 바닥을 지나다가 누군가 나를 보며 중국음식점의 그 총각처럼 자신의 냉담을 돌이켜보게 된 사람은 없었을까, 하고 잠시 생각했다.

성호경은 그리스도인임을 드러내는 신앙의 증거이자 성 삼위를 내 안으로 영접하는 영원의 기도이다. 성부와 성자와 성령의 이름으로 아멘.

8. 메아 쿨파

메아 쿨파, 메아 쿨파, 메아 막시마 쿨파!(내 탓이요, 내 탓이요, 내 큰 탓이로소이다!)

이 말은 라틴어로 미사를 올렸던 내 유년시절의 통회 기도문이다.

영세를 받은 건 만 세 살 때였다. 신부님이 성수(聖水)로 이마를 씻는 순간 뭔지 모를 두려움에 나는 발버둥을 쳤다. 모태를 벗어난 신생아의 첫 행동이 우는 일이듯 영혼이 거듭나는 세례식에서 나는 찢어지게 울었다. 까마득한 세월 저편의 그 광경은 성당 안에 스미던 스테인드글라스의 영롱한 색채들과 조합되어 이상하리만큼 깊숙하게 남아 있다.

그 후 엄마와 명동성당에 다녔다. 고해성사를 접한 것은 초등학교 3학년이 되고서였는데, 당시는 '제2차 바티칸 공의회*'가 열리기 전이라서 교회는 하느님의 사랑 보다는 정의를 강조하는 편이었다. 때문인가 내게 처음 다가온 하느님은 어진 아버지가 아닌 심판자의 이미지로 각인되었다.

이렇게 시작된 신앙은 중학생이 되면서 천주교와 개신교를 놓고 저울질을 하다가 마침내 고등학교 시절의 어느 날 나는 고해소를 찾아가 하느님이 안 계신 것 같다고 고백하기에 이르렀다. 연로하신 신부님은 대번에 엄한 훈계를 들려주셨다. 그건 마귀의 훼방이라는 거였다. 내가 바란 건 종교적 방황에 대한 이해와 조언이었지 이런 말씀이 아니었기에 성당에 발길을 끊어버렸다. 하지만 그 일을 계기로 타 종교에까지 관심을 넓히게 되었다.

이러구러 서른 살을 넘기고 중반이 되었을 무렵 우여곡절 끝에 다시 가톨릭으로 돌아와 고해성사를 보기 시작했다. 성찰 시엔 대체로 십계명과 칠죄종에 기초를 두고 살

---

* 제 2차 바티칸 공의회: 1962년부터 1965년까지 로마에서 열린 가톨릭교회의 공의회로서 가톨릭교회가 장차 나아갈 길을 타진한 교회의 현대적 개혁이 이 공의회의 목적이었다. 2차 바티칸 공의회 이후 많은 부분이 쇄신되어 대 격변 수준으로 가톨릭을 바꿨다.

핀다. 칠죄종(七罪宗)이란 인간이 범하는 죄의 뿌리가 되는 것을 의미하며 교만, 인색, 음욕, 탐욕, 질투, 나태, 분노(의로운 분노가 아닌, 무질서하게 남을 저주하는 폭력성의 분노)로 분류한다.

간혹 종교가 다른 이들이 고해성사를 놓고 묻는다. 어째서 하느님께 직접 고하지 않고 인간에게 하느냐는 거다. 고해성사를 밑받침 하는 가톨릭의 교리가 있음에도 나는 로마 바티칸의 교황도 고해성사를 본다는 정도만 알려줄 뿐 논쟁을 삼간다.

믿음이란 사람의 머릿수만큼이나 다양하다. 같은 종교 안에서도 영성의 층위는 저마다 다르다. 하기에 타인의 신앙과 종교에 대한 섣부른 비판이나 논쟁보다는 각자 마음 가는 대로 따르며 신앙인다운 사랑과 자비를 보여주면 될 일이다.

고해소에 들면 칸막이가 있다 해도 심저에서 웅크리고 있던 죄가 언설로 구체화되며 내 귓전을 울린다. 하여 죄는 보다 뚜렷한 윤곽을 드러내며 실제성으로 느껴져 몹시 수치스러울 때도 있다. 고해성사란 이런 부담도 있어 회피하고 싶은 적도 있었지만 한편으론 내 죄를 분석하는 게 흥미로웠다. 또 하나의 분신을 만들어 자신을 바라보는 것이다.

죄를 열거할 때는 내용은 간추려 말하되 중요한 부분은 반드시 그 핵심을 드러내었다. 민낯을 파헤치며 표면 행위가 아닌 빙산의 밑동에 중점을 둔다. 자주 범하는 죄란 결심해도 다음에 또 걸려 넘어지고 만다. 하여 내 고백은 늘 비슷한 내용을 되풀이한다. 사도 바오로의 탄식처럼 나 또한 참으로 비참한 인간. 이성으로는 하느님의 법을 따르나 육체로는 인간의 법을 따르며 살아가는 존재. 하지만 이런 나를 그대로 하느님께 내맡기며 고백한다. 그럴 때 부서진 이를 가까이 하시는 주님이 오시어 영혼의 정화가 이루어지는 것 같았다. 혼탁했던 양심이 비로소 깨끗해지는 해방감은 고해성사만의 은총이었다.

인간이 죄를 떨치기 힘든 것은 대개의 죄들이 우리에게 던져주는 마약성의 쾌감 때문일 터다. 교만이나 탐식 및 음란 행위 등은 길티 플레저(guilty pleasure 죄책감을 동반한 즐거움)를 바탕에 깔고 인간을 취하게 만든다. 교만은 이상자아(ideal self)를 실제자아(real self)로 착각하거나 왜곡하는 것에서 기인하는 거라고 한다. 이 착각에서 벗어나기 위해서는 객관적 자기인식이 수반돼야 하는데, 인간의 이성이나 지성만으론 한계가 있어 초월적 존재에 자신을 비춰보지 않고는 해결하기 힘든 일이었다.

사십 후반 무렵의 고해성사를 평생 잊을 수가 없다. 그 당시 나는 성당에서 많은 봉사를 했기에 신자들과의 교류도 잦았다. 그러던 중 봉사단체 단원들 댓 명이 모여 식사를 하다가 어떤 교우 얘기가 나왔다. 문제의 주인공은 신심 행사에만 너무 깊숙이 빠져있는 듯 보였다. 자식들이 있음에도 멀리 지방까지 다녀오는 행태를 놓고 교우들의 시선은 곱지 않았다. 이야기가 무르익자 담화는 어느새 험담으로 변질되어 모두가 한마디씩 심판관을 자처하였다. 그녀와 인접 거리에 살고 있던 나는 더 많은 걸 알고 있던 터라 몇 마디를 보탰다. 그러곤 2년의 세월이 흘렀다.

어느 날 아침이었다. 고해성사를 보려고 성찰 하려는데 문득 그날 쏟은 내 말이 혓바늘의 돌기처럼 솟으며 신경을 건드렸다. 일상에서 타인에 대한 얘기가 오가는 건 그리 탓할 일은 아니다. 사실대로만 얘기한 거였다면 굳이 자책할 이유도 없다. 문제는 그녀의 가까운 이웃인 내가, 더구나 당시 그녀가 얼마나 힘든 형편이었는지도 잘 알고 있던 내가, 그날 그녀를 보호하기는커녕 험담에 동참했다는 것에 있었다. 사실보다 과장하여 보태 말했던 그 분량의 죄가 감때사나운 괴물이 되어 내 가슴 밑바닥에서 정죄의 소리를 질러대었다.

나는 고해소를 찾아가 잘못을 털어놓았다. 한 교우를 험담했다는 정도로 끝냈어도 될 거였지만 보다 상세히 "사실대로만 말한 게 아니라 제 감정을 보태 좀 과장했습니다. 특히 그 점에 대해 통회합니다."라고 말씀드렸다. 고백이 끝나면 신부님들은 보통 기도나 희생, 미사 참례를 보속으로 주시기에 묵주기도나 성경 읽기나 미사 참례 중 하나를 말씀하실 거라 여겼다. 한데 이번엔 전혀 달랐다.

"보속은, 하느님께 용서를 청하시고 그 교우의 명예를 회복해 주는 일입니다. 반드시, 반듯이, 그 교우의 명예를 회복해주세요. 하실 수 있겠어요?"

신부님은 단호하게 물으셨고 나는 맥없이 "네." 하고는 고해소를 벗어났다. 그러나 2년의 시간이 흐르는 동안 그때 모였던 사람들은 모두가 이사 가버려 연락이 끊어진 상태였다. 결국 여기저기 수소문해 그녀를 비롯한 다른 두 명의 연락처를 알아내었다. 나는 우선 당사자에게 용서를 구한 뒤 연이어 두 명의 교우에게도 전화 걸어 그 날의 말을 정정하며 사과하였다. 그러고 나자 비로소 마음이 가벼워졌다.

요즘은 기도문이 다소 간소화됐지만 예전엔 고백하고 난 뒤 이런 기도를 올렸던 게 생각난다.

"… 이밖에 알아내지 못한 죄와 남이 나로 인하여 범한 죄 있을 것이니 신부는 나를 벌하고 사하소서, 아멘."

그러나 심안이 밝지 않고서야 어찌 남이 나로 인한 과오까지 헤아릴 수 있을까. 죄란 씻고 또 씻어도 그 집요한 생산을 멈추지 않는다. 하기에 최소한 주제 파악은 하며 살려고 영혼의 쓰레기가 차오르면 고백소를 찾는다. 내 탓이요, 내 탓이요, 내 큰 탓이로소이다, 하면서.

〈뒷이야기〉

내가 용서를 청했던 교우가 몇 해 전에 전화를 한 적이 있었다. 그녀는 느닷없이 영화 〈밀양〉을 봤느냐고 물었다. 나는 봤다면서 왜 그 얘기를 하느냐고 물었다. 그녀가 대답했다.

"안나 씨, 그때 나한테 용서해달라고 한 거, 너무나 고마웠어. 당시 나는 상처가 깊었는데, 아무도 나에게 용서를 청하는 사람이 없었어요. 그러면서도 너무도 태연히 성당 활동을 하기에 밀양 영화를 보며 마음이 착잡했어요……."

내가 그녀에게 용서를 구했을 때 그녀는 아무렇지 않은 듯 깔깔거리며 뭘 그런 걸 다 용서해달라느냐고 대수롭지 않게 말했었다. 나는 영화 밀양 발언을 통해 그녀의 상처가 얼마나 뿌리 깊었는지를 다시금 느낄 수 있었다. 고해성사 보기를 정말 잘 한 것 같았다. 홀로 마음으로만 참회하는 것과 그 참회를 상대에게 드러내 보이는 건 이토록 큰 차이가 있다는 것도 새삼 깨달았다.

영화 〈밀양〉은 구원이라는 종교적 담론이 피해자의 경험과 정면에서 충돌하는 모습을 보여준다. 개신교에 귀의한 신애는 아들을 유괴하여 살인한 가해자를 찾아가 하나님의 뜻과 자신의 용서에 대한 이야기를 한다. 그런데 가해자는 되레 신애를 위로하며 "나는 이미 하나님께 용서를 받아 마음이 편안하다."고 말한다. 그 말에 신애는 미쳐가며 부르짖는다.

"어떻게 용서를 해요? 용서하고 싶어도 난 할 수가 없어요. 그 인간은 이미 용서를 받았다는데… 그래서 마음의 평화를 얻었다는데… 내가 그 인간을 용서하기도 전에 어떻게 하나님이 그 인간을 먼저 용서할 수 있어요?"

9. 프란치스코의 장미

가시 없는 장미가 있다고 한다. 이탈리아 아씨시의 장미라는데 영상으로만 보았다. 그 장미에는 다음과 같은 유래가 따른다.

어느 날 프란치스코 성인이 골방에서 기도하던 중 육체적 욕망이 격하게 밀려왔다. 성인은 충동을 억제하고자 골방 옆에 있는 정원 장미 덤불에 알몸으로 뒹굴었다. 그러자 주님은 그를 불쌍히 여겨 장미의 가시를 모두 없애 주셨다. 그 후 아씨시 장미 정원의 장미들은 모두 가시 없는 장미가 되고 말았다는 거다.

신기한 건 그 장미를 다른 데로 옮겨 심으면 다시 가시가 돋는다고 한다. 뿐만 아니라 아씨시의 장미 정원에선 꽃이 없는 계절에도 일 년 내내 장미 향기가 난다는 얘기도 전해지고 있다.

이 전설을 놓고 혹자는 이런 반론을 펼칠 수도 있겠다. 우리나라 여수 돌산에서 나는 돌산 갓도 특유의 식감과 풍미를 자랑하지만 그 종자를 다른 지역에 심으면 일반 갓처럼 된다니 프란치스코의 장미는 어디까지나 사람들에 의해 그럴싸하게 만들어진 허구일 거라고. 이에 대한 해석은 각자 마음 가는대로 받아들일 수밖에 없는 일이지만 나는 이 사연이 떠오를 때마다 내 친정어머니가 들려준 얘기가 생각나곤 하였다.

오래 전, 친정어머니가 잠시 수원에 사실 때의 일이다. 남동생의 결혼 후 어머니는 동생과 함께 살았으나 동생의 직장 문제로 서울 집을 월세로 놓고 수원 사택으로 이사 가게 되었다. 당시 동생네는 어린 조카들이 있어 집세를 받기 위해 서울을 오가는 건 어머니의 몫이었다. 월세는 제법 액수가 컸지만 그 시절엔 은행 업무로 처리할 수가 없었다. 어느 달인가 세입자가 월세 두 달 치를 받으러 오라 하기에 어머니는 서울로 가 그 돈을 받아들고 저녁이 가까워서야 수원 행 열차를 탔다. 수원역 한 정거장 전인 화서역에서 하차하면 논길 따라 아파트로 이어지는 지름길이 있었다. 그러나 수원까지 가면 다시 버스를 타고 아파트가 있는 동네로 가야 했기에 어머니는 수원이 아닌 화서에서 내려 들길로 걸어갔다. 늦어진 저녁 준비로 마음이 바빴기 때문이었다.

겨울의 해넘이는 성급하다. 사위에 어둑발이 내려오자 어머니는 두려움이 일었다. 마침 그 무렵 화서역 논길에서 불량자들로 인한 사고가 다수 발생하는 바람에 아파트 관리실에선 방송을 내보내며 가급적 그 길을 혼자 가지 말라는 주의를 주곤 했다. 어머니는 그 방송이 생각 나 더욱 잰 걸음을 재촉하였다. 그때 몇 미터 앞에서 가고 있는 한 남자의 뒷모습이 눈에 들어왔다. 덩치가 크고 허름한 옷차림을 한 것이 어딘가 불량기가 느껴졌다. 어머니는 불안하여 오버 코트 속에 손을 넣어 돈다발을 더욱 움켜잡았다. 마음 같아선 그 남자를 앞질러 뛰어가고 싶었지만 그가 어떤 행동을 할지 몰라 뒤에서 걸으며 묵주기도를 하기 시작했다. 발을 헛디딜까 논두길을 내려다보며 부디 모든 위험으로부터 보호해달라고, 집에 무사히 갈 수 있게 도와달라고 성모님께 매달렸다.

얼마 뒤, 어머니는 무심코 고개를 들었다. 한데 앞서 가던 남자는 안 보이고 웬 여성이 걸어가고 있었다. 그녀는 흰색 코트 차림으로 귀부인 같았다. 남자는 어디로 갔을까 궁금하면서도 땅을 보며 걷는 동안 그가 다른 갈래 길로 간 모양이라고 생각했다. 논둑길은 한 지점에서 양쪽으로 갈라졌으니 그럴 만도 한 일이었다. 그렇다면 앞서가는 저 귀부인은 남자보다 먼저 걷고 있던 사람일 거 같아 어머니는 그녀의 뒤를 바짝 쫓아갔다. 그녀의 뒤를 따라 걷다보니 점차 공포감이 사라졌다. 그러곤 얼만큼 지나자 저만치에서 아파트 단지가 보이기 시작했다. 비로소 긴장이 풀리고 안도의 숨이 나왔다.

그 때였다. 문득 앞을 보니 지금까지 보이던 여인은 어디로 가고 아까 봤던 그 남자가 걸어가고 있었다. 이게 어찌된 노릇인가? 이제껏 흰옷의 귀부인이라 여겼던 사람이 그 남자였다니! 어머니는 경악했으나 이내 뭔가를 알 것 같았다. 두려움에 젖어 기도를 간절하게 올리니 성모님이 도움을 주신 거라고. 성모 마리아가 잠시 그 남자 모습을 지우고 귀부인으로 등장하신 거라고.

어머닌 그 얘기를 몇 번이나 들려주셨다. 그 사건이 기적이었는지, 어머니의 심리 상태가 빚은 허상이었는지는 알 수 없는 일이다. 아씨시의 장미처럼 어머니가 겪은 사건도 사람에 따라 해석이 다를지 모른다.

나는 프란치스코의 장미 전설을 믿고 싶다. 사실이냐 아니냐는 큰 의미가 없다. 지성이면 감천이라 하였다. 내가 중시하는 건 프란치스코 성인이 욕망을 극복하려 혼신의 노력을 기울였다는 것이고, 그 진정성이 하늘에 닿았을 거라는 것이다.

한편 이런 추리도 해본다. 육적 욕망을 초월하고자 하는 프란치스코의 일념이 자신의 몸을 찌른 장미 가시의 통증보다 더 강력하여 아픔이 무화된 것인지도 모른다고. 혹은 한 생명체로부터 뿜어 나오는 강열한 에너지가 장미 가시로 하여금 스스로를 거세하게 한 것인지도 모른다고.

드러내질 않아 그렇지 세상엔 인간의 상식을 넘어서는 일들이 간혹 발생하며 나 역시도 그런 신비한 경험을 한 적이 있었다. 우리가 믿고 기도하는 것이 주님의 섭리로 우리에게 이루어지는 게 기적 아니겠는지.

10. 얘들아!

얘들아, 고대 설화 하나 들려줄까? 옛날 얘기 말이야. 실은 그리 오랜 옛날은 아닐지도 몰라. 다만 세상 변화에 가속이 붙다 보니 지나간 세월들을 수치로만 비교할 수가 없더란 말이지. 고대엔 변화가 워낙 느려서 격세지감을 별로 느끼지 않았거든. 인류라는 게 원시시대를 거쳐 구석기 신석기 시대를 지나 계속 변천하며 오늘에 이르렀다는 것쯤은 너희들도 잘 알거다. 인간이 살았던 시기를 100으로 본다면 구석기 시대가 98.8 정도를 차지한다잖니. 다시 말해 인류가 탄생한지 24시간이 됐다고 치면 약 15분 전까지도 인간은 주먹 도끼나 휘두르는 원시인이었다는 거야.

그러니 주먹도끼 휘두르던 시대에 살았다면 나와 너희는 큰 차이가 없었을 테지만 요즘엔 쌍둥이 사이에도 세대 차가 난다는 시대라서 나를 고대인이라 자처하며 고대 설화라 한 거였다고. 너희는 어른들이 훈계하면 곧잘 언제 적 얘기를 하고 있냐며 원시 인간을 바라보듯 한다만, 그럼에도 입을 연 것은 너희 중에 학교에서 나오는 급식이 맛없다며 버리는 애들이 적지 않다는 얘길 듣고 충격이 컸기 때문이란다. 세상에! 고대 적엔 버릴 음식도 없었지만 음식 버리는 일은 하늘을 진노케 하는 일로 여겼거든. 설거지 하다 개수대에 밥알을 좀 많이 버려도 어른들 눈총이 따가웠단 말이다.

요즘엔 다이어트를 위해 굶어봤을망정 쌀이 없어 밥을 굶는 사람은 드물지. 물론 전 세계적론 굶주리는 사람들이 아직 많다만 우리 국민 중엔 드물 거야. 그에 반해 우리 땐 쌀 살 돈이 없어서 굶는 이들이 꽤나 있었어. 너희는 부모가 알아서 뒷바라지를 해주지만 예전엔 아픈 부모 도와가며 학교 다니는 애들도 있었단다.

내가 중 2때였어. 우리 반에 H라는 친구가 있었는데 그 앤 도시락을 늘 빵으로 싸왔단다. 요즘에야 널린 게 빵이지만 그 시절엔 별식이라서 나는 그 빵을 조금씩 얻어먹곤 했어. 그러다가 궁금해서 물었어. 왜 빵만 싸오느냐고,

빵이 그렇게 좋으냐고. 그 친구는 밥을 싸오려면 반찬도 만들어야 하는데 빵을 가져오면 간단해서 그렇다고 했어. 엄마가 아프시다는 거야. 팔남매의 막내로 위의 언니와 오빠들이 시집 장가를 가고 부엌일을 할 사람이 없어 자기가 알아서 싸오는 거래. 다행히 집엔 빵 기계가 있어 만드는 것도 다 자기가 한다는 거였어. 힘든 일을 해내며 자란 아이들은 자립정신도 일찌감치 생기고 생활도 야물어지기 때문에 고대인들은 '젊어 고생은 사서도 한다.'는 말로 위로하곤 했단다.

서론이 길었구나. 고대인과 너희를 어찌 비교 하랴만 그래도 그렇지. 너희 중엔 자기 방 정리도 안하고 앉았던 자리에 스낵이나 캔디 포장지를 그대로 두는 애도 있더라. 아침밥은 뜨는 둥 마는 둥 하고는 학교와 학원 순례로 지내다 보니 불충실한 끼니는 편의점 음식이나 간식으로 때우게 마련이겠지. 할미 눈엔 하나같이 미덥지 못한 음식들. 컵라면이나 '단짠'이나 탄산음료들. 그래서인가 청소년들의 과체중 및 비만이 심각한 사회문제로 떠오르고 있더구나.

최근 통계에 의하면 과체중 및 비만 학생 비율이 30.8%로, 우리 청소년 10명 중 3명이 과체중 문제를 겪고 있다네. 비만율이 높아진 건 코로나19 장기화도 한몫 했지만 보다 근원적인 건 패스트푸드의 잦은 섭취로 인한 영양 불균형으로 보더라고. 청소년의 비만은 당뇨와 고혈압 등 각종 성인병의 원인이 될 뿐 아니라 의료비 증가 등 사회 · 경제적으로 심각한 문제를 불러일으킬 게 빤하니 이 일을 어쩌면 좋으냐. 이 지구는 고대인이 살던 때와 달리 온갖 산업공해와 일회용품과 플라스틱으로 오염되어 청정과는 먼 세상이 돼가고 있으니 앞으론 또 어떤 질병들이 미래의 너희를 위협하게 될는지 모르겠다.

그뿐이겠니. 너희들 언어를 이 할미는 도통 알아들을 수가 없는 걸. 너희들 말을 '급식체'라 한다더라. 학교 급식 먹는 세대의 언어라는 뜻이라지. 일상 대화도 왜 그리 속사포 같고 말끝마다 욕설은 왜 그렇게 달고들 사는 거냐. 유치원 아이가 주위에서 주워들은 욕을 흉내 내는 걸 이 할미는 보았어. 그러다 초등학교에 가면 거친 말이 늘어나고 중 고등학생이 되면 점입가경이 되어 준말 반에 욕설 반에 그리고 외계어로 요약되지. 이는 다른 세대와 영역 간의 경계를 드러내는 작용을 한다고도 하더라만 우린들 너희들 만 한 시절이 없었을 거며 사춘기를 몰랐겠느냐. 우리가 하는 말 중 이런 게 있다는 건 너도 알거다.

"너희는 늙어봤니? 우리는 젊어 봤다."

근데, 네 표정이 왜 그래? 꼰대 얘기라서 흥미가 없어?

이런, '무지개매너'('무지'와 '개매너'의 합성어)를 봤나? 알았다. 나도 입이 아파 더 이상은 하기 싫다고. 그럼에도 요 말만은 해야겠구나. 너희가 쏟아버리는 음식들이란 누구나 당연하게 먹고 사는 게 아니라는 것, 그리고 지구를 지금처럼 오염시키다 보면 미래엔 다른 우주로 이민 가야할 날이 올 지도 모른다는 사실 말이야, 이건 세상을 창조하신 하느님의 정언 명령이기도 했어. 성경 창세기에도 나오듯 우린 이 지구와 생명들을 잘 지키고 다스려야 할 의무가 주어진 존재들이라고. 뿐더러 너희도 언젠가는 나와 같은 꼰대 반열에 오를 날이 오고야 말지. 지구에서 태어나서 지구에서 죽어갈 이 할미가 눈칫밥 먹어가며 여태 떠든 건 행여 너희가 호호할미가 되었을 때 혹시라도 "라떼는 푸른 별 지구에서 사계절을 누리며 살았단다."는 고대 설화를 너희 후손들에게 들려주게 될까봐서였어. 외계인들에게 '듣보잡'(듣도 보도 못한 잡놈) 취급당하며 우주살이 해도 괜찮다면야 더 이상은 할 말이 없다만 그래도 난 너희들의 미래를 믿고 싶은 거야. 너희는 '힙'하고 '간지나는' 신인류들이니 말이다. 안 그러니?

주님, 들어주소서

우리의 구세주이신 주님
찬미 받으소서
우리의 피난처이신 주님
찬미 받으소서
우리의 해방자이신 주님
찬미 받으소서
우리의 치료자이신 주님
찬미 받으소서

영원한 아버지이신 주님
우리를 자라게 하소서
영원한 스승이신 주님
우리를 가르치소서
영원한 친구이신 주님
우리를 바라봐 주소서
영원한 빛이신 주님
우리를 밝혀주소서

그리하여 마침내
주님과 나,
주님과 우리,
당신 품 안에서
하나 되게 해주소서
하나 되게 해주소서
이제와 항상 영원히
이제와 항상 영원히, 아멘

스마트폰 카메라를 큐알 코드에 대면 링크 주소가 뜹니다.
이 링크 주소를 클릭하면 해당 노래가 나옵니다.

Ⅱ. 111, 예 여기 있습니다_남혜정

남혜정(젤뜨루다)

- 1986년 성모승천대축일 세례성사, 1987년 성령강림대축일 견진성사
- 문해교사, 독서지도사, 청소년 자원봉사 교육 강사, 문화와영성연구소 영적 길잡이
- **저서**『쉼, 그리고 머무름』,『고요 그리고 바라봄』/『내 삶의 조각들(공저)』

southhj11@hanmail.net.

1. 장궤*, 그 아름다운

대성전의 장의자가 교체되었다. 짙은 밤색에서 밝은 노란색으로 바뀌니 어둑어둑했던 성전이 한순간에 환해졌다. 곳곳에 왜관 베네딕도회 수사님들의 손길이 배어 있었다. 모서리가 둥글게 다듬어졌고, 앞으로 쏠리지 않도록 경사도까지 세심히 고려된 덕분에 앉아보니, 마치 품에 안긴 듯 편안했다. 부드러운 나뭇결을 쓰다듬자 마음도 몽글몽글해졌다.

무엇보다 달라진 것은 장궤 쿠션이었다. 의자에 연결한

---

* 몸을 똑바로 세운 채, 오른쪽 무릎을 꿇거나 혹은 두 무릎을 대고 허리를 세운 채 꿇어앉는 일

장궤틀*이 아니라 무릎을 꿇을 정도의 네모난 쿠션이 아래 칸에 놓여 있었다. 쿠션 중간에 손잡이가 달려있어 필요할 때 사용할 수 있도록 만들어진 점이 인상적이었다. 장궤틀이 사라진 지 오래인데 무릎 꿇고 기도할 수 있는 장궤 쿠션이 돌아와 기뻤다.

장궤틀이 점차 없어진 이유를 제작비나 무릎 부담 때문이라고들 하지만 과연 그 이유만일까? 우리의 마음이 변했기 때문은 아닌가. 세상이 발전할수록 인간은 못 할 게 없다는 생각에 하느님을 우러르기보다 어깨를 나란히 하려는 교만한 마음이 생긴 것은 아닐까. 바쁜 현실 속에서 하느님 앞에 무릎 꿇는 행위 자체를 부담스러워하는 것이 오늘날의 현실이라는 생각이 들었다.

하지만, 하느님 앞에 인간이 취해야 할 자세는 바로 무릎 꿇고 기도하는 모습일 것이다. 그 모습이야말로 인간의 가장 아름다운 모습이 아닌가.

세례를 받은 지 한 달쯤 되었을 때였다. 미사가 끝나고 자리에 앉아 내 안에 오신 예수님과 온전히 하나 되기를

* 무릎을 꿇을 수 있게 되어 있는 틀. 성당 안의 신자들이 앉는 의자 뒤에 같이 딸려 있다.

기도하고 있었다. 한참 후, 살며시 눈을 뜨자 제대 옆에 무릎 꿇고 기도하는 사제의 모습이 선명히 보였다. 검은 수단을 입고 두 손을 모은 채 눈 감고 기도하는 모습. 나는 그 장면을 넋 놓고 바라보았다. 세례를 주신 신부님의 옆모습은 더없이 성스럽게 다가왔다. '인간이 저렇게 아름다울 수 있구나' 길게 늘어뜨린 검은 수단 때문만은 아니었다. 그 모습은 인간의 한계 앞에서 자신을 낮추며 간절히 청하는 겸손의 아름다움 그 자체였다. 무릎 꿇고 기도하는 사제의 모습이 친근하게 느껴졌다. 가장 약할 때 인간은 가장 간절해지지 않는가. 그러나 그 부족함을 인정하며 받아들이지 못하기에 여전히 하느님 앞에서도 자신을 내세우는 것은 아닐까. 그날 나는, 신 앞에 인간이 어떤 자세를 취해야 하는지 마음 깊이 새기게 되었다.

그 아름다운 모습 덕분에 미사 후 짧게라도 성체조배하는 게 습관이 되었다. 내 안에 오신 성체께 이런저런 마음을 아뢰는 시간이 감미로웠다. 세례받은 뒤 일 년 정도 매일 새벽 미사와 한 시간의 성체조배는 내 신앙의 뿌리가 되었다. 말씀을 묵상하다 보면 때로는 당신 앞에 큰절을 올리고 싶어졌고, 또 때로는 무릎 꿇고 싶어졌다. 하느님 앞에 나의 약함이 드러나고, 당신을 청할 수밖에 없는 한계에 부딪혀 더 이상 어찌할 수 없을 때, 사제들이 서품

식에서 온몸을 땅바닥에 엎드리듯이 나 역시 크신 그분 앞에 하염없이 낮아졌다. 땅에 엎드려 하늘에 기도하는 모습은 하늘과 땅이 하나되는 순간이었다.

얼마 전, 기도모임에서 까리따스 피정의 집으로 침묵 피정을 다녀왔다. 피정 중에 새벽 미사를 드리려고 조용히 성당으로 향했다. 성전이 가까워지자, 수녀님들의 맑은 노랫소리가 들려왔다. 조심스레 문을 열고 들어서자 성무일도를 바치는 수녀님들의 모습이 한눈에 펼쳐졌다. 회색 수도복 수녀님들의 뒷모습에 순간 멈칫했다. 진솔하게 드리는 기도 소리가 천상의 소리 같았다. 무릎 꿇고 기도하는 수녀님들의 모습과 소리에 마음이 차분해졌다.

수녀님들의 기도 모습에서 이전 신부님을 통해 보았던 그 겸손의 아름다움이 다시금 떠올랐다. 천천히 앞자리에 들어가 나 역시 수녀님과 같은 모습으로 무릎 꿇었다. 자연스레 두 손 모아졌고, 마음 깊은 곳에 숨어있던 간절함이 올라왔다. 자세가 얼마나 중요한지 깨달았다. 그 순간, 나는 온전히 주님께로 마음을 향했다.

침묵피정 후 가끔 수녀님들의 기도 장면이 사진처럼 또렷이 떠올랐다. 그 경건함이 나를 기도에 집중하도록 도왔고 분심조차 사라졌다.

미사 중에 장궤 자세가 아직은 어색했지만, 무릎 꿇을 때마다 왠지 모르게 겸허해지면서 마음이 모아졌다.

무릎 꿇는 자세, 그것은 결코 나약함이 아니었다. 주님 앞에 나를 온전히 내어주고 가장 낮은 곳에서 가장 뜨거운 간절함을 배우는 행위였다.

장궤는 그 자세만으로 가장 완전한 아름다움이었다.

2. 예와 아니오

나는 언제나 사람들의 요구에 '예'라고 답하며 살았다. 마치 인내하는 것이 숙명인 듯 부당함도 아픔도 묵묵히 받아들였다. 아니라고, 아프다고 소리 지를 용기조차 없이 모든 것을 속으로 고스란히 삭여냈다. 내가 겪는 모든 고통을 마땅히 내가 감당해야 할 몫이라고 여겼다. 출산과 암 수술 등 극한의 고통 속에서도 나는 '힘들다'는 말 한 마디 못하는 바보였는지도 모른다.

여성으로서 가장 큰 육체적 고통은 출산이다. 아기를 낳을 때 골반 뼈들이 벌어진다고들 하지 않던가. 간헐적으로 밀려오는 통증 속에서, 자궁 입구의 뼈가 '퍽'하고 벌어지는 듯한 느낌이 들었다. 아파서 소리를 지르고 싶었지만, 옆에서 더 고통스러워하며 지켜보는 엄마의 모습에 이불을 끌어다 입을 막고 그 산통을 참았다.

수술실로 옮겨진 후에도 두 번이나 정신을 잃었다. 깜깜한 긴 동굴 속으로 빠져들며 '아, 이렇게 사람이 죽는 건가 보다' 짧은 생각을 하다가 정신을 잃었다. 간호사가 "왜 참고 계세요, 지금 무통분만을 하셔야 해요"라고 간절한 목소리로 나를 깨웠다. 아기에게 괜찮은지 확인하고 나서 그렇게 해달라고 하자 산소호흡기가 씌워졌고, 나는 또 정신을 잃었다. 희미해지는 의식 속에서도 하느님께서 보호해주시길, 성모님께서 먼저 겪었을 고통을 떠올리며 도움을 청했다.

얼마의 시간이 흘렀을까. 아기 울음소리가 들렸고, 제일 먼저 내 눈길은 아기의 손가락과 발가락을 향했다. 생명의 놀라운 신비에 절로 눈물이 흘렀다.

그 아픔을 참고 이겨낸 후에야 생명의 기쁨을 배웠다. 하지만 그 깨달음은 곧 또 다른 고통 앞에서 시험에 들게 했다.

갑상샘암 수술하러 들어간 기억은 있는데 눈을 뜨니 병실이었다. 눈은 떠졌으나 온몸의 세포들이 요동쳤다. 정신은 멀쩡했지만, 손발과 고개는 꼼짝도 할 수 없었다. 마치 무거운 쇳덩이가 몸 구석구석을 짓누르는 듯했다. 몸의 세포들도 놀랐는지 비상이 걸려 분주하게 바들바들 떨렸다. 퉁퉁 부어버린 온몸은 내 것이 아닌 것만 같았다. 말조차 소리가 되어 나오지 않았다. 마취가 풀리면서 통증이 심해졌고, 신기하게도 아픔을 잊기 위함이었는지 그 속에서 감사가 터져 나왔다. 우연히 스쳐 지나간 인연이라 여겼던 한 사람 한 사람이 새삼 고맙고 소중하게 다가왔다. 암이라는 소식을 듣고 본인보다 더 놀라고 걱정해주며 안타까워하는 이웃들이 감사했다. '내가 너무 무심히 살아온 건 아닌가. 진심으로 그들을 사랑으로 대했나. 그들은 나를 친자매 이상으로 사랑했는데, 나는 그들만큼 깊은 마음을 전하지 못했구나!'

살아오면서 이토록 감사한 적이 있었나 싶을 정도로 심장이 감사로 가득 찼다. 통증이 더해질수록 정신은 맑아졌고, 모든 사람을 떠올렸으나, 육체적인 아픔은 쉽사리 가라앉지 않았다. 통증을 견디기 위함이었을까. 심지어 병원과 나를 둘러싼 모든 것이 또 감사했다. 수술해 준 의사와 간호사, 입원 후 잠깐 마주쳤던 다른 병실 환자들까지. 문득 내가 누워 있는 침대를 발명한 사람에게도 감사한 마음이 들었다. 환자가 편안하게 몸을 일으키고 높이를 조절할 수 있게 해준 그 배려에 감사함이 느껴졌다. 목에 달린 호스, 소변통마저 모든 것이 감사투성이였다.

나 한 사람을 위해 얼마나 많은 사람의 협력이 필요한지 실감했다. 밤새 아픔을 감사로 승화시키려 애쓰며 새벽을 맞았다. 이 세상 모든 만물에 하느님의 손길이 담겼음을 깨닫고, 나를 얼마나 사랑하시는지 가슴 벅차올랐다. 감사가 아픔을 참을 수 있게 한 건지도 모른다.

고통 속에서 이처럼 감사함을 배웠지만, 나는 여전히 '아니오'라고 말하지 못하는 습관에서 벗어나지 못했다. 시댁과의 시련은 육체가 아닌 마음을 병들게 했다. 돌이켜보면, 그것은 모든 것을 묵묵히 감내하려 했던 나의 오랜 침묵의 습관 때문이었다. 알코올중독이었던 시아버님은 틈만 나면 전화해 온갖 화풀이를 쏟아내셨다. 은행 퇴직 후 퇴직금과 적금을 모두 달라고 하셨다. 나는 왜 그때 '아니오'라고 분명히 말하지 못했을까. 아버님에겐 장남의 돈도, 내 돈도 모두 당신의 것이었다.

의처증이 심했던 시아버님은 며느리 앞에서도 자주 시어머니와 다투셨다. 늘 불안하고 숨 쉬기조차 어려운 시집살이였다. 어머님이 교통사고로 돌아가시자 한 달도 채 되지 않아 어떤 여자를 데리고 와서 안방에서 주무셨다. 두 번의 재혼 끝에 세 번째 여자와 사셨으나, 돈에 대한 집착을 버리지 못했다. 매번 장남에게 목돈을 요구했고 뜻대로 되지 않으면 소리 지르며 한탄하셨다.

남편이 지쳐 전화를 피하자, 온갖 욕설과 화풀이를 감당하는 일은 오롯이 나의 몫이 되었다. 아버님의 전화를 끊고 나면 몸과 마음이 바닥으로 가라앉았다. 겉으로는 힘들지 않은 척 견뎠지만, 몸은 이미 모든 고통을 흡수하여 병들어 버린 상태였다. 급기야 잇몸이 내려앉고 모든 이빨이 흔들리고 목소리는 갈라지고 기가 빠졌다. 몸과 마음은 연결되어 있었기에, 마음속의 힘듦을 고스란히 몸이 받아냈다. 종일 편두통에 시달렸고, 명치가 막힌 듯 소화도 되지 않았다. 지쳐 눕기라도 하면 어깨와 등은 바닥에 달라붙은 것처럼 떨어지기 힘들었다. 무엇을 잘못했는지도 모른 채 일방적으로 책임을 지우고 꾸짖음을 듣는 것은 고문이었다. 자신의 책임을 은근슬쩍 넘기며 나에게만 의무를 강요하는 행위 또한 견디기 힘겨웠다.

그러던 어느 날, 어디에서 용기가 나왔는지 며칠을 고민하다 '내 책임이 아니다'라고 메시지를 보냈다. 평소와 달리 해보지 않은 행동을 하고는 그만 앓아누웠다. 그러고 보면 몸은 참 정직했다. 겉으로 아무렇지 않은 척했지만, 몸은 여기저기 고통의 신호를 보냈다. 목소리를 통해 몸 상태가 드러났고, 몸을 통해 마음이 들켰다. 마음은 숨길 수가 없는데도 혼자서만 감추면 들키지 않을 줄로 알았다. 어차피 들통날 것을 차라리 솔직하게 말했더라면 자유로웠을 텐데.

스스로 만든 틀을 내려놓지 못해 여전히 마음을 숨겼다. 그러나 숨긴다고 숨겨지는 것이 아니었다. 결국 몸이 반란을 일으켜 원인 모를 병에 시달렸다. 그 상황 속에서 누구에게도 나의 힘듦을 나누지 못했다. 내가 감당해야 할 몫이고 내 삶이니까 짊어지고 헤쳐나가야 하는 줄 알았다.

나의 침묵은 타인을 위한 인내가 아니었다. 그것은 스스로 만든 완벽함의 틀에 갇혀, 타인에게 좋은 사람으로 보이고 싶었던 자기 욕망의 발로였다.

참는 것이 과연 미덕일까? 육체적인 아픔은 나으리라는 희망으로 견뎌냈지만, 마음에 난도질당한 상처는 참으면 영혼의 병이 되었다.

진정한 인내는 마음속의 사랑을 꾹꾹 눌러 담아 흘러넘치는 자연스러운 행위로 나타나는 것이었다. 분위기나 상황에 압도되어 아닌 것을 슬며시 '예'에 묻어버리고, 마땅히 '예'여야 할 것을 자신의 욕망에 가려 '아니오'라고 속으로 되뇌는 것은 진정한 인내가 아니었다. 그것은 사랑도 아니었다.

마음 깊은 곳에서 울려 나오는 나의 목소리를 주위의 어떤 것에도 흔들리지 않고, 분명하게 나 자신과 타인을 위해 '예'와 '아니오'를 선택할 줄 아는 것, 이것이 어쩌면 하느님이 원하시는 바가 아닐까.

참된 인내란 내면에서 무르익어 나오는 소리에 귀 기울이는 것이다. 바로 이 성령의 이끄심을 따르는 힘이야말로 진정한 '예'와 '아니오'를 선택하는 용기이다.

3. 신앙 선조들의 목숨값에 기대어

-천호성지, 여산성당, 숲정이성지를 다녀와서

성지순례를 떠나는 날 새벽, 보슬비가 내렸다. 우산을 벗 삼아 작은 설렘을 안고 사당역 만남의 장소로 향했다. 순교자현양위원회가 마련한 하루 일정으로 천호성지, 여산성당, 숲정이 성지를 다녀왔다. 본당 단체 성지순례 때와는 달리 온전히 성지에 깊이 집중하며 머무를 수 있어 좋았다. 버스 안에서 해설사의 친절한 설명에 귀 기울이다 보니 어느새 천호성지에 도착했다. 다행히 비는 오지 않았지만, 한여름의 뜨거운 햇살로 무더웠다. 그나마 활짝 펼친 우산이 찌는 더위를 가려주어 고마웠다. 숨이 턱턱 막히는 무더위에도 불구하고 사람들은 어떤 마음으로 성지를 찾는 것일까.

제일 먼저 방문한 곳은 성인 묘역이었다. 다섯 분의 커다란 봉분과 그 아래 열 분 무명 순교자의 묘가 순례객을 말없이 맞았다. 103위 성인 호칭기도에서 익숙한 성 정문호(바르톨로메오), 성 손선지(베드로), 성 이명서(베드로), 성 한재권(요셉) 성인과 김영오(아우구스티노) 순교자가 나란히 묻혀 계셨다. 죽음을 앞두고 성인들이 하신 말씀을 해설사가 들려주었다.

"우리는 오늘 천국의 과거시험을 보러 가는 것입니다. 참으로 복된 날입니다."

"나는 이제 죽으러 가오. 이 옷은 더 이상 내게 소용이 없으니 이 옷을 입으시오."

"오늘 우리가 모두 치명하면 곧바로 천국으로 들어가 진복자가 될 것입니다. 이 행복은 결코 작은 것이 아닙니다."

한 분 한 분의 순교 이야기를 들으며 묵상했다. 목숨마저 두렵지 않게 했던 그분들의 믿음은 무엇이었을까? 그 의문 앞에 절로 숙연해졌다.

과연 나는 죽음을 앞두고 어떤 말을 남길 수 있을까. 그때서야 나의 신앙생활이 순교자들이 바친 목숨값 위에 서 있다는 사실을 깨달았다. 그분들의 희생 덕분에 편하게 신앙생활 하는 줄도 모른 채 모든 것을 당연하게 여기는 내 믿음이 부끄러웠다. 묘역에서 부활 성당으로 내려가는 103칸의 계단을 순교자들을 기억하며 한 걸음 한 걸음 힘주어 내디뎠다. 등줄기로 땀방울이 하염없이 흘러내렸다.

11시 미사를 참례하러 부활성당으로 갔다. 성당 앞에는 높은 종탑이 숲과 어우러져 우뚝 솟았다. 성지 신부님 축일이라 축가도 함께 불렀고, 미사 후 순례자에게 떡을 나눠주어 기분 좋은 시간이었다. 점심 식사로 영과 육을 든든히 채우고 천호가톨릭성물박물관을 둘러보았다.

개인이 기증한 이천여 점의 성물이 칠성사*에 맞춰 전시되고 있었다. 곳곳을 다니며 이 많은 성물을 수집한 정성이 놀라웠다. 성물을 선택한 뛰어난 미적 감각과 이 모든 것을 기증하게 한 마음 역시 모두 하느님의 이끄심이 아니었을까. 전지 크기의 동판 위, 쇠창살에 갇힌 가시관과 예수님의 얼굴이 새겨진 수건(베로니카 성화)이 걸린 작품 앞에서는 숨이 멎었다. 절로 예수님의 수난이 묵상되어 가슴에 깊이 박혔다. 이처럼 귀한 성물 박물관은 가톨릭 신자로서 큰 자부심을 주었다.

천호성지에서 순교자들의 믿음과 하느님의 손길을 느

---

* 예수가 정한 일곱가지 성사. 곧 성세성사(聖洗聖事), 견진성사(堅振聖事), 고해성사(告解聖事), 성체성사(聖體聖事), 병자성사(病者聖事), 신품성사(神品聖事), 혼인성사(婚姻聖事)를 이른다.

낀 뒤, 다음으로 향한 곳은 또 다른 아픔의 역사를 품은 여산성당이었다. 성당 앞에서 해설을 듣고 발걸음을 옮겨 성전 안으로 들어섰다. 독특한 성수대가 눈에 들어왔다. 두 팔을 가슴에 모으고 고개 숙인 예수님 상이 그 성수대를 받치고 있었다. 모든 죄를 품어 안은 듯 겸손한 모습이 마음을 깨끗하게 씻어주는 것 같았다.

잠깐 조배를 마치고 백지사터로 향했다. 정겹고 아기자기한 골목길과는 어울리지 않게, 이토록 평화로운 곳에서 끔찍한 백지사(얼굴에 물을 뿜어 백지를 여러 겹 붙여 질식사시키는 형벌)가 행해졌다는 사실은 충격적이었다.

백지사터에서 십자가의 길을 바치는데 커다란 느티나무가 그늘을 드리웠다. 그 많은 세월의 아픔을 오래된 느티나무가 기억하며 말없이 품고 서 있었다. 형 집행이 이루어졌던 여산동헌은 오래된 한옥의 모습 그대로여서 슬프도록 아름다웠다. 척화비와 열녀문도 세워져 순교의 세월과 역사의 흐름을 엿볼 수 있었다.

맞은편 여산초등학교 앞에는 이병기 시인의 '별'이 새겨진 시비가 교문을 지키고 있었다. 시를 읽어가며 속으로 '바람이 서늘도 하여' 동요를 흥얼거렸다. 순교자들의 넋 또한 별이 되어 반짝이고 있으리라.

성당 앞 순례자 쉼터에서 무더위에 지친 몸을 냉커피와

오미자차로 식혔다. 신부님과 수녀님께서 직접 만들어주셔서 더 맛있고 시원했다.

여산에서의 묵상을 마치고, 마지막으로 찾아간 곳은 숲정이 성지였다. 이름과 달리 텅 빈 벌판이었다. 파란 하늘 아래, 높이 선 거대한 피에타상은 순교자들의 붉은 피를 하얗게 지키고 있는 듯했다.

순례를 마치고 돌아오는 버스 안에서 하느님의 마음을 담아, 예수님 닮은 사랑을 전하리라 다짐하며 묵주기도를 바쳤다. '순교자들의 목숨값'으로 얻은 오늘의 자유로운 신앙 앞에서, 그분들의 고귀한 생명에 나는 무엇으로 화답하며 살아야 할까 자문했다. 나 역시 이제는 누군가의 '목숨값'이 되는 삶을 살아야겠지.

그 목숨값이란 거창한 순교가 아니라, 매일의 삶 속에서 작은 이기심과 편안함을 희생하고 이웃을 향한 관심과 겸손한 사랑임을 깨닫는다. 사소하지만 꾸준한 봉헌. 그것이 곧 순교자들의 정신을 이어가는 나의 진정한 '목숨값'이리라.

간간이 불어와 흐르는 땀을 식혀주던 바람, 쨍쨍한 햇빛, 몽글몽글 흰 구름, 녹음 우거진 산. 이 순교의 땅에서 만난 모든 것이 하느님의 현존으로 가득했던 성령의 순교지였다. 이 여정으로 이끌어주신 은총에 감사드린다.

4. 세례, 다시 태어나다

성탄 시기 마지막 날은 주님 세례 축일이다. 아기 예수님은 제대 앞 구유에 빛으로 둘러싸인 채 고요히 누워 계신다. 오늘이 지나면 아기 예수님의 구유는 치워지고, 이제 고통의 십자가를 짊어지신 예수님만이 제대를 지키시리라.

복음서에 따르면 예수님께서는 30년의 사생활을 살아내셨다. 그 후 공생활을 시작하며 제일 먼저 하신 일이 세례다. 어떤 마음이었을까. 우리가 새해 결심을 하듯, 예수님 역시 새로운 시작 앞에서 당신이 걸어야 할 길에 결연한 마음이셨을까.

구유의 아기 예수님을 보니 첫아이가 태어났을 때가 떠

올랐다. 밤톨 깎은 듯 매끈한 피부, 커다랗고 선한 눈망울, 오뚝한 코와 오물거리는 작은 입, 앙증맞은 손발이 아기 예수님과 닮았었다. 그 소중한 아이. 사랑스러운 아기. 생명은 사랑이었고, 탄생 그 자체가 선물이었다. 나 역시 사랑 덩어리로 세상에 선물로 왔으리라.

하느님 안에서 선물이 된 날, 그것은 새로 태어남, 곧 나의 세례였다.

물로 씻기던 그날, 나는 '이런 것이 진정한 빈 마음일까' 싶었다. 내가 사라진 것 같으면서도 선명히 존재하고, 텅 비어있는 것 같으면서도 알 수 없는 기운으로 가득 찬 경험이었다. 평화도 아니었고, 마냥 편안한 것도 아니었다. 가벼우면서도 풍선처럼 붕 뜨는 허무함이 아니라, 오히려 내면이 충만해지는 기분이었다. 그저 '텅 비었다'는 말 외엔 달리 표현할 길이 없었다.

어쩌면 나의 세례는 나의 어둠과 한계 때문에 필연적이었는지도 모른다. 빛에 끌렸고, 인간의 나약함 앞에서 하느님을 찾을 수밖에 없었다. 내면의 갈망은 냉혹한 현실 속에서 때로는 숨 막힐 듯한 답답함으로 다가왔다. 그런데 그 답답함과 갈망은 나를 찬란한 빛으로 이끌었고, 그 빛은 뜻밖에도 평범한 일상에서 찾아왔다.

은행에 근무하던 어느 날. 오전 내내 시장바닥 같던 소란한 시간이 지나고 잠깐 한산해진 점심시간 무렵이었다. 은행 창구에서 언제 올지 모르는 고객을 기다리며 서 있다가, 무심코 유리창 너머로 시선을 돌렸다. 눈길이 닿은 그곳에는 찬란한 햇빛이 쏟아지고 있었다. 그날따라 유달리 문밖 햇살이 눈부셨다. 그 찬란함 속에서 난 왜 슬픔을 떠올렸을까. 저 빛을 마음껏 누리지 못한다는 사실에 서글픔이 밀려와 눈가가 촉촉해졌다.

빛은 세상 곳곳을 비추었지만, 창구에 갇힌 나에게는 닿을 수 없는 것이었다. 유리문과 콘크리트 벽이 나를 가로막아 햇살은 멀게만 느껴졌다. 다람쥐 쳇바퀴 돌듯 살며, 내 기분과 상관없이 친절한 미소를 지어야만 하는 고객 응대 속에서 나 자신을 잃어버렸다.

햇살을 볼 때마다 마음 한쪽은 애틋하고 시렸다. 그 애틋함과 시린 마음이 나의 어둠과 한계를 일깨웠고, 나는 그 속에서 온전한 존재를 갈구했다. 하지만 그 완전한 존재를 만나기 전, 나는 돈과 숫자가 지배하는 현실 속에서 인간의 나약함을 뼛속 깊이 체험해야 했다.

은행에 취직만 하면 넓은 길이 펼쳐질 줄 알았다. 입행하여 수납업무를 맡게 되었다. 돈은 종잇조각의 숫자에 불과했고, 나는 매일 그 숫자놀음에 익숙해져야 했다. 완벽한 마감의 쾌감 이면에는 늘 인간적인 나약함이 숨어있었다.

일이 조금 익숙해질 무렵, 예상치 못한 금융사고가 생겼다. 하루 마감 후 시제가 모자랐다. 금액이 컸다. 아무리 찾아도 나오지 않았다. 결국 금융사고는 나의 책임이 되었고, 그렇게 난 첫 월급을 한 푼도 받지 못하고 몽땅 사고액으로 채워 넣어야 했다.

돈이 두려웠고, 손님이 두려웠으며, 심지어 동료 직원마저 의심하게 되자 삶이 허망하게 느껴졌다. 일을 제대로 처리하지 못한 나 자신이 싫었다. 이토록 약하고 깨지기 쉬운 불완전한 존재로 살아가는 나는 누구인가. 나의 처음은 어디이며, 이대로 죽으면 모든 것이 끝날까. 불안이 엄습했고, 나는 완전한 그 무엇을 갈구했다. 나의 모든 것을 믿고 맡길 존재, 내가 구태여 나를 말하지 않아도 모든 것을 알아주는 존재. 그분은 나의 처음이자 끝인 신이었다.

성당에 앉아 한참 생각의 여행에 빠져 있는데 주위가 시끌시끌했다. 살며시 눈을 뜨니 제대 구유 앞에서 사진을 찍느라 몇몇 사람이 부산하게 움직였다. 기도하는 이들은 아랑곳하지 않고, 그들은 오늘이 마지막인 구유의 아쉬움을 카메라에 담기 바빴다. 그 모습이 거슬려 다시 눈을 감았다. '저들은 구유를 찍는 건가, 아니면 카메라 렌즈에 비친 자신의 모습을 즐기려는 건가, 만약 진정 아쉬웠다면, 눈과 마음에 깊이 새겨 담으려 하지 않았을까?'

소란한 소리가 잠잠해지자, 나는 아기 예수께 경배하려고 구유 쪽으로 걸어갔다. 그때 사진 찍던 이들이 나를 보더니 사진을 찍어달라고 부탁했다.

"멋있게 잘 안 나오네요. 저희 사진 좀 찍어주세요."

나는 옆에서 기도하는 사람에게 방해될까 염려된다는 핑계로 나직이 말했다.

"기도 먼저 하구요."

그들이 재차 말했지만, 나는 곤란한 듯 미소 짓고 다시 눈을 감아버렸다. '나는 기도하러 왔지 사진 찍어주러 온 게 아니에요. 성당에서는 최소한 기도하는 사람들을 배려해야죠.' 눈을 감은 채 기도가 아닌, 내 기준의 훈계에 사로잡혀 있었다. 주위가 조용해졌는데도 기도에 집중되지 않아 눈을 뜨자 어느새 사진에 목숨 건 그들은 사라졌다.

제대 아래, 아기 예수는 깜박이는 작은 전구에 둘러싸인 채 너무나 평온하게 자고 있었다. 아기 예수의 얼굴을 가만히 들여다보다 문득 사진 찍는 이들을 단죄하고 배척하려던 내 모습이 한없이 부끄러웠다. 내가 경배하려 했던 것은 아기 예수의 사랑과 포용이 아니라, 내가 만들어

놓은 '경건함'이라는 완고한 틀은 아니었을까. 어쩌면 구유의 아기 예수조차 사진 찍는 사람들과 기꺼이 그 순간을 함께하고 있었던 것은 아닐까.

나는 세례를 받았을 뿐, 여전히 내 중심적인 생각과 틀에 갇혀, 있는 그대로를 받아들이지 못하는 완고함에 빠져 있었다. 이것이 짙어지면 고집이 되고 결국 나를 짓누르는 어둠이 될 터이다. 아기 예수님은 그런 내 마음을 묵묵히 비춰주시며 말이 없다. 이처럼 부족한 나를 위해 예수님은 매년 탄생하고 세례받고 복음을 선포하며, 수난과 십자가를 지고 죽으시고 부활하시는 것이리라.

주님 세례 날, 나도 매 순간 다시 태어나고 새로워지기를….

5. 초록 동굴 속 재창조

5주 동안, 나의 세상은 온통 초록이었다. 오른쪽 다리는 구멍 날 일 없는 튼튼하고 단단한 '초록 동굴'에 갇혔다. 2년 전 부러졌던 다리에 또다시 신겨진 그 단단한 깁스는 순식간에 나와 한 몸이 되었다. 아무리 가려워도 벗어던질 수도, 속시원하게 긁을 수도 없었다. 그 가려움을 참는 것 자체가 고통이었다. 깁스 틈으로 손가락조차 넣을 수 없어 가려울 땐 그저 딱딱한 깁스를 부여잡거나, 다리를 들이 올리며 뒹굴 수밖에 없었다.

다시는 이 초록 스타킹을 신고 싶지 않았다. 잠깐이라도 앉아있으면 다리가 붓고 아파서 꼼짝없이 누워 지내야 했다. 물 한 잔 마시는 일도, 화장실 한 번 가는 일도 누군가의 도움이 필요했다. 어쩔 수 없이 왕비 대접을 받았다.

느닷없는 휴가 같았지만, 누워 있는 것도 하루 이틀이지. 왕비의 침대라기엔 엉덩이가 배겨 아팠고, 높이 올린 다리 무게로 뒤꿈치가 얼얼했다. 엎친 데 덮친 격으로 허리까지 아파왔다. 침대에서 일어나 앉았다 눕기를 되풀이하며 하루를 보냈다. 밤이면 통증이 심해 잠들었다 깨기를 반복하며, 길고 긴 밤을 고통 속에 지새웠다.

그래도 시간이 지나면 낫는 병이라 그나마 다행이었다. 시간을 보내기엔 그동안 보지 못했던 영화와 드라마에 빠지는 것이 최고였다. 집중하는 동안만큼은 아픔을 잊을 수 있었다.

일상이 멈춘 와중에 시원스레 씻지 못하는 것 또한 큰 고역이었다. 목욕하는 날은 전투에 나가듯 비장한 각오와 준비가 필요했다. 군인에게 군장이 필수품이듯 나에게는 깁스 방수 덮개와 목욕 의자가 필수품이었다. 전략 또한 필수였다. 아무도 없는 틈을 노려 작전을 개시하는 것이 최선이었다. 갈아입을 옷을 챙기고 바퀴 의자를 최대한 화장실 입구에 바짝 댄 뒤, 목욕 의자에 앉아 살금살금 허물을 벗었다. 깁스 방수 덮개를 조심스럽게 다친 다리에 감싸 신고, 최대한 물이 튀지 않게 씻는 것이 바로 전략이었다. 그렇게나마 씻을 수 있다는 게 감사했다. 깁스한 다리까지 시원하게 씻을 수 있는 날은 언제쯤 올까? 제대로 두 발로 설 수 있다면 더 바랄 게 없으련만.

시간이 약이었다. 가려움과 아픔은 차츰 잦아들었고, 바퀴 의자에 의지해 거실과 주방을 오가다 보니, 그동안 무심히 지나쳤던 곳곳이 눈에 들어왔다. 더디지만 슬며시 설거지와 청소에 손을 댔다. 구석구석에 쌓인 먼지는 왜 그리 많은지. 평소에는 보지 못했던 하얀 먼지가 눈에 띄었다.

내 시간은 겨울에 멈추어 있었는데, 거실 유리창에 비친 햇살은 어느새 봄이었다. 아침 햇살은 거실 반을 따사로운 빛으로 채웠다. 청소하던 손을 멈추고 창가에 쏟아지는 햇살에 가만히 몸을 맡겼다. 집안으로 놀러 온 햇볕은 허벅지를 따뜻하게 간질이며 장난을 걸어왔다. 의자에 가만히 앉아 눈부신 창밖을 바라보니, 문득 내 신세가 처량하게 느껴졌다. 고개를 떨구자 깁스한 다리 발가락에 시선이 멈췄다. 으악! 밝은 곳에서 보니 각질이 장난 아니었다. 굳은살이 너덜너덜 찢어진 곳도 있고 발가락이 엉망이었다. 그동안 부기가 빠졌는지에만 신경 썼는데, 초록색 깁스 아래로 삐죽 나온 다섯 발가락은 각질 파티 중이었다니. 물휴지로 닦아보았지만, 별 소용이 없었던 모양이다.

초록 동굴 밖으로 나온 다섯 발가락이 저 모양이니, 초록 동굴 속은 어떠할지 궁금해졌다. 오직 깁스 해방의 날만 기다렸다.

드디어 그날이 왔다. 설렘과 두려움이 교차했다. 혹시 뼈가 제대로 붙지 않아 일주일 더 기다리라는 선고를 받을까 봐 걱정되었다. 의사의 말 한마디에 모든 것이 달린 상황에 숙연해졌다. X-Ray를 찍고 진료실에 들어갔다. 만세! 드디어 통깁스에서 해방이다.

절단식이 시작되었다. '윙' 소리를 내며 돌아가는 원형 날의 전기톱이 깁스 바깥 위쪽에서 아래까지 자르기 시작했다. 전기톱이 살에 닿을까 조마조마했고, 윙윙거리는 기계 소리는 공포감을 더욱 키웠다. 가슴을 졸였지만, 전기톱이 지나갈수록 깁스 안으로 서서히 시원한 바람이 들어왔다. 반으로 갈라진 깁스가 '툭' 벌어지자 상쾌함이 느껴졌다. 맞은편도 마찬가지였다. 간호사가 초집중하며 둥근 칼날을 갖다 대자, 통이 두 동강이가 되어 잘려 나갔다. 힘을 주어 '쩍' 벌려 통을 걷어내는 순간 다리의 하얀 속살이 드러났다. 병아리가 알에서 깨어나는 기분이 이럴까. 얼마나 시원하고 가벼운지 금방이라도 날아갈 것만 같았다.

하지만 그것도 잠시, 각질이나 고약한 냄새가 나 주변

에 불쾌감을 줄까 봐 노심초사하였다. 근육이 빠져 앙상해진 종아리였지만, 다행히 각질이 떨어지거나 불쾌할 정도는 아니었다. 다시 반깁스에 목발 신세였지만 초록 양말에서 벗어난 것만으로 감사했다.

어서 씻고 싶은 마음에 들떠 집에 도착하자마자 반깁스를 풀어 제쳐두고 욕실로 향했다. 5주 만에 '동굴'을 탈출한 다리에 물이 닿으니 속까지 시원해졌다. 물을 틀어 비누칠하고 살살 환부를 문지르자 회색 때가 나왔다. 문질러도 문질러도 끝이 보이지 않았다. 삼십오 일간 묵은 때이니 당연하겠지만, 십 분을 문질러도 끝없이 나오는 때가 신기했다. 이렇게나 때가 많다니. 깁스에 갇혀 한 달 넘게 외면했던 나의 육신의 흔적이자, 초록 동굴 속에서 쉼 없이 생성되었던 시간의 증거였다.

삼십오 일간 쌓인 묵은 때는 소멸의 시간을 기다리고 있었다. 매일 씻을 때는 알지 못했던 진실이었다. 이 '때'를 마주하자, 살아있다는 것은 생성과 소멸의 반복 과정임을 깨달았다. 우리 몸의 세포가 매일 생성되고 죽기를 반복하듯, 쌓인 만큼 덜어내야 가볍고 새로워지는 것이었다. 생명은 곧 반복되는 재창조의 연속이었다. 이 모든 때는 나의 과거이자, 지금 여기를 살아가는 생생한 증거였다. 살아간다는 것은 곧 날마다 재창조되는 과정이었다.

묵은 때로 인해 깨닫는 신비! 골절로 인해 움츠렸던 만큼 활발한 창조가 이루어져 시간의 흔적이 쌓였다. 생명은 매 순간 나를 재창조하고 있었다. 초록 동굴에 갇혀 불편함과 골절의 아픔이 있었지만, 그 덕분에 재창조의 신비를 새삼 깨달았다.

일어나는 모든 일들을 통해 나는 새롭게 재창조된다.

6. 생일선물

2011년 나의 생일날, 내 생애 가장 충격적인 선물을 받았다.

조직검사 결과를 보러 갔다. 별다른 생각 없이 병원에 도착해 하얀 진료실 문을 열었다. 소독약 냄새가 진료실을 가득 채웠다. 사방이 꽉 막힌 방 한쪽 벽면 책꽂이에는 책이 빼곡했고, 그 책장과 책상을 사이에 두고 환자용 의자가 놓여 있었다. 흰 가운을 입은 여의사는 책상 위 컴퓨터 화면을 유심히 들여다보았다. 문 여는 소리에 여의사는 잠시 멈칫하더니 나와 눈을 맞추었다. 나는 말없이 고개 인사를 나누고 간호사의 안내에 따라 자리에 앉았다.

"조직검사 결과가 나왔는데 갑상샘암입니다. 음, 그런

데 위치가 좀 안 좋아요. 식도를 누르고 있어 빨리 수술해야 합니다."

의사는 무거운 목소리로 입을 열더니 말을 빠르게 덧붙였다.

"다행히 크기가 작아서 반절제술 하겠지만, 만일의 경우, 수술 중 전절제할 수 있습니다. 림프에 전이 되었다면 방사성 항암치료도 병행해야 합니다."

그 말을 듣는 순간 진료실 안의 모든 것이 얼음처럼 멈췄다. 입을 열려 했지만, 얼굴 근육이 굳었는지 소리조차 나오지 않았다.

'드라마에서나 듣는 말인 줄 알았는데. 연속극에선 보호자도 옆에 있었던 것 같은데. 이럴 줄 알았으면 남편이라도 아니, 아들이라도 데리고 함께 올 것을.'

정신을 차리려고 마음을 다잡았지만, 자꾸만 멍해졌고 표정은 딱딱하게 굳어버렸다. 쇼트커트 여의사는 나를 배려하려는 듯 엷은 미소를 띠고 말을 이어갔다. 하지만 더 이상 그녀의 목소리는 들리지 않았다. 마치 TV 화면이 정지된 듯 귀가 먹통이 된 것 같았다. 소리는 들려왔지만, 온 신경을 모아봐도 낱말들은 구름처럼 둥둥 떠다닐 뿐 연결되지도, 이해되지도 않았다.

'허! 이게 뭐지?' 피식 웃음이 나왔다.

죽음보다 무서운 '암'이라는 단어가 묵직하게 가슴을 짓눌렀다. 지금이야 갑상샘암이 '착한 암'이라 불리기도 하지만 그 당시 '암'은 그 자체로 사형선고와 같았다. 쇠방망이로 머리를 얻어맞은 듯 멍해졌다. 낯선 말만 쏟아내는 의사의 입놀림을 넋 놓고 바라보았다. 의사의 말은 자꾸만 토막토막 끊기듯 들렸다. 기억하려 애쓸수록 '식도', '전이', '방사성 항암치료'와 같은 생소한 언어들은 흩어져 도망치듯 사라졌다. 수술을 서둘러야 하는 것만은 확실했다.

뭔가 중요한 것을 결정해야 할 때면 남편이 먼저 떠올랐다. 아니 그를 핑계 삼아 나를 추스르고 싶었는지도 모른다. 현실을 받아들이고, 생각을 정리할 시간이 필요했다. 남편과 상의해보겠다고 말하고 병원을 빠져나왔다. 뚜벅뚜벅 발걸음을 옮겼지만, 나는 허공을 걷는 것만 같았다. 좀 전만 해도 익숙했던 거리가 낯설었다. 여기가 어딘지 몰라 두리번거렸다. 고요히 생각할 곳을 찾았다. 분명 근방에 성당이 있었는데 쉽게 눈에 들어오지 않았다. 왔던 길을 되짚어 성당을 겨우 찾았다. 상가에 자리한 그곳은 아주 작은 성당이었다.

지하 성전으로 내려가는 계단 난간을 잡고 천천히 발을 옮겼다. 성당은 먹물 같은 어둠 속에 잠겨 있었다. 캄

캄해 앞이 보이지 않는 텅 빈 성당에 이르자 갑자기 섬뜩한 무서움이 엄습해왔다. 가까스로 더듬더듬 스위치를 찾아 불을 켰다. 나무 의자 끝에 앉았다. 긴 한숨을 내쉬었다. 기도해야 할 것 같은데 눈물이 쏟아졌다. 열심히 살아왔는데 내가 무슨 죄를 지었나? 왜 나에게 이런 일이 닥친 걸까. '제가 무엇을 잘못했습니까?' 옅은 어둠 속에 매달린 십자가를 쳐다보며 물었다. 십자가에 못 박혀 축 늘어진 예수의 얼굴은 세상 모든 슬픔을 담고 침묵하고 있었다. 성호경을 바치는 대신 나는 그저 따지고 울기를 거듭했다. 잠시 울음을 멈추고 주변을 둘러보았다. 이 순간 나 혼자인 게 다행이란 생각이 들었다.

내가 살아온 여정이 떠올랐다. 맏며느리, 엄마, 아내로 세상이 요구하는 정답에 맞춰 살아가느라 나 자신을 돌보지 못한 모습이 보였다. 충실하게 살수록 강요된 삶에 정작 '나'는 없었다. 몸이 으스러지더라도 나는 또다시 그 자리에서 일어서야만 했다. 특히 시아버님의 알코올중독과 관계망상으로 힘든 현실을 온몸으로 고스란히 견뎌내야 했던 나 자신이 애처로웠다. 나를 위해 울었다. 나 때문에 하염없이 눈물을 흘렸다. 나에게 미안해서, 며느리도, 엄마도, 아내도 아닌 오직 '나' 자신을 부르며 펑펑 울음을 쏟아냈다.

나는 내가 만든 원칙에 자신을 가두었다. 참을 필요가 없는 일을 참았고, 울어도 될 일을 울지 않으려 애썼다. 나 스스로 또 하나의 정답을 만들었고, 필사적으로 그것을 지켜내려 했다. '마음이 몸보다 강하다'는 스스로 만든 명제로 나를 억압했다. 다른 누구도 아닌 나 스스로가 나를 억압했던 일들이 하나둘 생각났다. 쌓이고 쌓인 화가 돌덩어리가 되도록 외면했다. 몸은 이미 여러 번 신호를 보냈지만 나는 그것을 무시했다. 그런 나에게 너무나 미안했다. '미안해, 미안해.'를 수없이 외치며 답답한 가슴을 주먹으로 쳤다. 눈물이 봇물 터지듯 줄줄 흘러내렸다.

그 순간, 내 옆에서 나를 아프게 바라보며 나보다 더 슬피 눈물을 글썽이는 누군가가 희미하게 느껴졌다. 십자가에서 보았던 예수의 얼굴이었다. 내가 아플 때 혼자라고 느낄 때도, 내가 보지 못했을 뿐 그는 나와 함께 있었다. 수없이 외면했던 나의 아픔을 그가 대신 안아주는 것만 같았다. 억지로 만든 원칙에 나를 가두고 스스로를 괴롭혔던 모든 시간이 비로소 해소되는 느낌이었다. 실컷 울고 난 후, 십자가를 올려다보았다. 나에 대한 고해성사를 마쳤기 때문일까. 마음에 서서히 빛이 들어왔다. 머릿속을 무겁게 짓누르던 것들이 시원하게 사라지는 것 같았다. 눈물을 토해낸 만큼 가벼워졌다.

'그래, 이제 나로 살자. 다른 사람에 의해 만들어진 내가 아닌 진짜 나로 살아가자. 무수한 세상의 정답들에 가려 꼬깃꼬깃 구겨 넣었던 진짜 나를 이제 꺼내 주자. 내 마음, 내가 원하는 것이 무엇인지 내가 시키는 대로 하자.'

마흔여섯 해 만에 내 몸의 소중함을 깨달았지만 그런 나 자신이 싫지 않았다. 눈물을 훔치고 성당을 나섰을 때, 내 몸 안의 '암'이라는 단어가 더는 두렵게 느껴지지 않았다. 오히려 친구가 된 것 같았다.

마흔여섯 생일에 만난 암 선고. 그것은 내 몸을 돌보며 이제는 세상이 정해놓은 답에서 자유로워지라는 선물이었다.

세상의 정답이라는 줄에 매달려 있던 나뭇잎을 놓아주라는 듯, 지금도 하루에 몇 번씩 바람이 분다.

세찬 바람이 나뭇잎을 온통 뒤흔들어 놓는다. 바람 속에서도 매달려 있는 나뭇잎은 모든 것을 맡겨 버린 듯 자유롭다. 그 모습이 애처로우면서도 기특하다. 한바탕 힘차게 불어오던 바람은 시침을 떼고 조용해진다. 큰바람을 견디지 못하고 지친 나뭇잎 하나가 바람길을 타고 세상 구경을 한다. 바닥을 향한 비행. 그 비행 또한 아름답다.

언제 그랬냐는 듯 바람은 잠잠해지고 산들거린다. 살랑

바람에 이끌려 베란다 창문을 열고 방충망까지 열어젖혔다. 몸을 내밀어 바람을 맞았다.

차갑지만 부드러운 봄바람이 싫지 않았고, 상쾌하게 다가왔다.

7. 111, 예 여기 있습니다

삶은 매 순간 하느님의 부르심과 우리의 응답이 연속되는 과정이다. 하느님께서는 늘 우리를 부르시지만, 우리는 조바심에 그 부르심을 놓치기도 하고, 때로는 내 생각에 갇혀 외면하곤 한다. 그러나 두려움과 망설임 속에서도 마침내 '예, 여기 있습니다.'라고 응답할 때, 비로소 진정한 자유를 경험하게 된다.

교중 미사*를 드리러 성당에 들어서니 분위기가 어수선했다. 교리 봉사자들이 예비신자들에게 빨간 코사지가 달린 이름표를 달아주고 앞자리로 안내하였다.

---

* 사목자가 모든 주일과 의무 축일에 신자들을 위해 의무적으로 지내는 미사.

미사 중에는 80여 명의 새로운 가족을 맞이하는 예비신자 입교식이 진행되었다. 그들이 일어서서 인사하는 모습을 보자 울컥하는 감동이 밀려왔다. 삶의 여정에서 이리저리 헤매다가도 부르심을 듣고 기꺼이 응답하는 그들의 모습이 참으로 뭉클했다. AI 시대에 종교가 설 자리를 잃어간다는 세간의 우려와 달리, 많은 예비신자가 모인 모습은 놀랍고도 기뻤다. 영원히 함께하실 하느님께서 이들을 얼마나 기쁘게 여기실까. 그들을 보며 새삼 나의 세례 은총에 감사드렸고, 두려움과 설렘으로 가득했던 나의 첫 응답, 세례의 순간이 떠올랐다.

나는 1986년 성모승천대축일에 하느님의 자녀가 되었다. 페루에서 수도자의 길을 걷고 계신 대모님이 세례 전 9일 기도를 권유한 덕분에, 그 기간 동안 새벽 미사를 봉헌하며 예수님을 모실 마음의 준비를 했다. 미사 후 성체 앞에 앉아있으면 마음 깊은 곳에 예수님이 계신 듯한 평화가 스며들었다. 그럼에도 막상 세례일이 가까워지자 두려움이 밀려왔다. 모든 죄와 벌이 사라지고 깨끗해지는 엄청난 은총을 받을 터인데, 그 은총에 합당한 삶을 살 수 있을지 자신이 없었기 때문이다. '이제는 내가 사는 것이 아니라 그리스도께서 내 안에 사시는 것입니다.(갈라

2,20)'라는 성경 말씀처럼 살아야 할 텐데, 여전히 '이전의 나'로 살게 될까 봐 두려움이 앞섰다.

세례를 앞둔 나의 내면은 하늘처럼 시시각각 요동쳤다. 구름이 끼었다가, 쨍쨍하게 해가 비치다가 비를 뿌리고, 다시 천둥 번개가 몰아치기도 했다. 감당하기 힘든 분노와 혼란 속에서 새로움을 꿈꿨지만, 세례가 현실로 다가오자 확신은 흔들렸다. 오직 죄 없고 좋은 모습으로만 주님 앞에 서야 한다는 완벽주의 강박 때문이었다. 일주일 동안 덜컹거리는 버스처럼 흔들렸으나, 신부님과의 면담 후에야 마침내 세례를 받기로 마음을 굳혔다.

당시 나는 아기 예수님도 나와 마찬가지로 대소변을 보셨고, 성모님의 마음을 아프게도 했으며, 늦게까지 친구들과 놀아 꾸중도 들으셨으리라는 것을 상상조차 하지 못했다. 그분 또한 나처럼 사는 게 무엇인지, 인간은 어디에서 와서 어디로 가는지 궁금해하며 30년 동안 탐색하셨을 것이다. 그 30년의 사생활은 가장 인간적인 우리와 같은 모습이었으리라.

이처럼 인간적인 예수님에 대한 이해가 없었기에 그분을 따르는 일은 쉽지 않았다. 성경을 묵상하고 내 경험을 통해 들려주시는 말씀을 알아들을 때 인간적인 예수님을 만날 수 있었다. 그동안 성경에 담긴 뜻을 헤아리기보다,

신적인 예수님으로 저 높은 하늘에 계신 분으로 여겼다. '아, 내가 너무 완벽한 예수님만 상상했었구나!' 그제야 인간 예수의 모습이 내 안에 스며들기 시작했다. 나와 같은 인간 예수와 인격적인 만남을 통해 부족한 모습 그대로 주님께 나아갈 용기가 생겼다.

하지만 그럼에도 여전히 삶은 녹록지 않아, 나의 약함과 한계, 뜻대로 되지 않음에 수시로 좌절했고 절망이 찾아왔다. 그때마다 마음을 새롭게 다잡게 했던 말씀은 언제나 "이제는 내가 사는 것이 아니라 그리스도께서 내 안에 사시는 것입니다.(갈라 2,20)"였다. 비록 혼자 정했던 세례 성구를 잊고 살 때도 있었으나, 이 구절을 마주할 때면 마치 오래된 친구처럼 반갑게 그 의미를 되새기곤 하였다. 이처럼 나는 완전하지 못한 채로 주님을 따랐고, 오히려 그럴수록 내 안에는 '그리스도께서 사시는 삶'을 향한 깊은 갈망이 솟아났다. 이 갈망은 기도 안에서 찾을 수밖에 없었고, '신앙인은 기도하는 사람'이라는 믿음으로 이어졌다. 단순한 염경기도가 아닌, 더 깊은 신앙의 길이 있을 것 같아 기도에 대한 다양한 영성 서적을 탐독했다. '기도의 생활화와 생활의 기도화'를 고민하며 하느님을 알고자 성경 공부에 매진했지만, 여전히 삶과 신앙의 괴리감은 해소되지 않았다.

2010년 이냐시오 영성수련*을 시작하며 조금씩 삶 안에 함께 하시는 하느님을 발견할 수 있었다. 영적 동반자의 안내에 따라 성경 말씀을 묵상하며 수련할 때, 하느님께서 나를 새롭게 초대하심을 느꼈다. 세례 전부터 내 안에 있던 기도에 대한 갈망은 나를 영적 길잡이로 이끌었고, 길잡이로서 수련자들을 도울 때, 기도 '나눔'을 통해 그들과 함께 계시는 하느님을 만나는 기쁨은 컸다.

하지만 이러한 기쁨 속에서도 갈등과 부딪힘으로 좌절과 절망의 순간이 많았다. 때로는 공동체가 상처로 인해 와해되기도 했고, 수련자의 기도를 하느님의 마음으로 경청해야 하는 영적 무게에 진이 빠지기도 했다. 영적 길잡이 역할 외에는 아무것도 할 수 없을 정도로 지쳐 쓰러질 때도 많았다. 결국 누군가를 영적으로 돕는 일은 내 힘만으로는 어렵다는 것을 절감하였다. 자신의 한계를 온전히 받아들이는 과정은 하느님의 은총과 인간의 노력이 함께 해야만 가능한 것이었다. 그러면서도 완고한 가치관을 지

---

* 이냐시오(1491~1556) 성인이 자신의 영적 체험을 바탕으로 쓴 책. 1548년 교황 바오로 3세로부터 정식 승인을 받은 영신수련은 4주간의 집중적인 기도와 묵상 프로그램으로, 수련자가 자신의 삶에서 하느님의 부르심을 식별하고 응답하도록 돕는 것을 목표로 한다. 특히 이냐시오 영성의 핵심은 매일의 성찰 기도, 즉 의식 성찰에 있다. 이는 하루를 돌아보며 하느님의 현존과 활동을 인식하고, 감 사와 회개의 마음을 갖는 기도 방법이다.

닌 이들까지도 하느님의 마음과 눈으로 바라보려 애썼다.

내면의 갈등 앞에서 고민하며 애쓰던 중, 최근 참여했던 침묵 피정에서 새로운 부르심의 소리가 또렷이 들려왔다. 얼마 전 수련자들과 함께 양동으로 침묵 피정을 떠났다. 아늑한 엄마 품속 같은 피정의 집에 도착해 방 이름을 보니 '111 예, 여기 있습니다'였다. 방 이름이 성경 구절로 정해져 있었기에, 나에게 주시는 말씀처럼 다가왔다.

당시 나는 영적 길잡이로서의 한계와 좌절 앞에서 고독함에 버거워하고 있었다. 나의 길에 대한 의심과 소속 공동체에 대한 불만으로 영혼과 육체가 소진되어 지쳐가던 때였다. 특히 평신도로서 길잡이 활동은 험난했고, 많은 이들이 나를 나이와 경험의 잣대로 저울질했다. 봉사 자체에 대한 확신이 옅어지면서 '나는 왜 이렇게 힘든 여정을 계속하려고 하는가?'라는 물음표가 꼬리처럼 따라다녔다. 그러는 중에도 수련자들을 위한 침묵피정을 마련하고 준비하며 영적 길잡이로서의 소명을 재차 다지고 있었다.

방을 드나들 때마다 '예, 여기 있습니다.'라는 문구가 눈에 들어와, 그 의미를 계속 되새겼다.

피정 마지막 날, 성전에서 묵상하던 중 이 구절이 안개 걷히듯 떠올랐다. 영적 길잡이로 살아가던 나에게, 하느님께서 언제든 부르시는 그 자리, 바로 '지금 여기'에서

"예, 여기 있습니다."라고 다시금 응답하라고 요청하시는 듯했다. 지금 겪는 어려움을 있는 그대로 받아들이며, 이 또한 나를 성장으로 이끌기 위한 시간이라는 확신이 들었다. 그 자리가 어디이든, 주님이 부르시는 곳이 바로 주님이 함께 계시는 자리였다.

영적 길잡이로서 겪는 나의 어려움들이 하나씩 떠오르며, 그 속에서도 함께 하시는 주님을 신뢰하는 마음이 커졌다. 기쁨이든 슬픔이든 아픔이든, 그 어떤 어려운 순간에도 아브라함, 야곱, 모세, 사무엘처럼 '예, 여기 있습니다.'라고 기꺼이 응답하기를 기다리고 계셨다. 내 길에 대한 의심과 고독은 그 순간 서서히 사라졌다. 더 이상 완벽함을 강요하지 않고, 부족함 그대로 그분을 따르기로 새롭게 응답하며 피정을 마쳤다.

새로운 다짐과 함께 일상으로 돌아온 후, 곧바로 독서지도사를 위한 강의 요청이 들어왔다. 평소 공부는 꾸준히 해 왔지만, 강의는 10년 전의 일이라 막막함이 앞섰다. 그때 피정 방 이름이 떠올랐다. 즉시 응답하지 못하는 것은 자신을 계산하며 이리저리 재고 있기 때문임을 깨달았다. 이 또한 내가 하는 일이 아니라, 주님께서 부르시는 초대의 자리라 믿었기에 도서관장님의 부탁에 흔쾌히 "예, 여기 있습니다!"라고 답했다.

낯선 사람들과 새로운 만남 속에서도, 함께 하실 주님을 신뢰하며 두려움과 걱정까지 그분께 온전히 맡겨드렸다.

8. 진짜 기도

시어머니는 내가 결혼한 지 3년 되던 해 10월, 교통사고를 당하셨다. 집 앞 버스 정류장에서 채 내리기도 전에 버스가 출발해버렸다. 뺑소니 교통사고였다. 버스 발판을 헛디뎌 넘어지면서 뇌 손상을 입어 뇌출혈 진단을 받으셨다. 급히 수술을 시도했지만 상태가 위중하여 수술 진행이 어려웠다. 머리에 수술 흔적만 남긴 채 일주일 동안 의식 없이 중환자실에 계셨다. 그런 어머님을 위해 할 수 있는 일은 없었다. 대학생이던 시동생은 충격으로 자신을 추스르는 것도 힘들어했다. 출가한 시누이는 백일도 채 되지 않은 젖먹이를 돌보느라 꼼짝할 수 없었다. 남편은 이리저리 가해자가 누구인지 알아내려고 동분서주했고

난 묵주만 들고 중환자실 앞에서 서성일 뿐이었다.

생사의 갈림길에서 내가 할 수 있는 일은 기도밖에 없었다. 그런데 기도할 수가 없었다. 기도가 나오지 않고 얼빠진 사람이 되었다. 손에 묵주를 들고 있었지만, 기도를 잊은 채 멍해졌다. 묵주를 쥔 손이 눈에 들어올 때마다 성모송*을 외우려 했지만, 이내 넋을 잃어 기도가 이어지지 못했다. 갑작스러운 일에 세상도 숨을 죽인 것 같았다. 머릿속은 온통 어머님 생각으로 가득했고, 그분의 소식을 기다리는 것이 나의 유일한 할 일이었다. 언제일지 모르지만 어머님이 깨어나기를 기다렸다. 아니 살아나기만을 간절히 원했다. '먹는 것도 일'이라는 걸 그때 알았다. 병실을 지키기 위해 억지로 삼켜야 했지만, 먹기만 하면 체했다.

중환자실 문 여는 소리가 들리기라도 하면 깜짝깜짝 놀랐다. 간호사의 움직임 하나하나에 온 신경을 집중했다. '○○○ 보호자님'이라는 간호사의 호출은 중환자 대기실 보호자들의 촉각을 곤두세웠다. 수많은 눈과 몸들이 일제히 숨을 죽인 채 간호사를 향해 곤어있었다. 호명된 가족

* 예수 그리스도의 어머니인 성모 마리아에게 전구를 간청하며 바치는 가톨릭의 주요기도문

은 넋이 나간 채 움직였고, 호명되지 않은 가족은 소리 죽여 긴 안도의 숨을 내쉬었다. 면회 시간이 아닌데 부르는 것은 임종을 알리는 것이었다.

하얀 천에 싸인 환자를 실은 침대가 나오면 외면했다. 언젠가 그 일이 나에게 닥칠까 봐 눈길조차 주기를 꺼렸다. 침대를 부여잡고 중환자실을 나오는 가족들의 울음소리는 안타까움을 넘어 가슴을 짓눌렀다. 입은 마르고 가슴은 타들어갔다. 언제 내 차례가 될지 두려웠다. 하루가 어떻게 지나는지 오늘이 며칠인지도 모를 만큼 시간 개념조차 없었다. 기다림의 연속인 그곳엔 삶과 죽음만 있을 뿐이었다.

친척들은 한 번씩 인사차 다녀갈 뿐 환자 얼굴을 볼 수도 없었다. 하루에 한 번 가족들만 면회가 허락되었다. 그것도 아주 잠깐, 한 사람씩만 면회할 수 있어 그 시간이 오기만을 기다렸다. 주렁주렁 호스와 연결되어 있는 어머님의 상태는 기계가 알려줄 뿐이었다. 가지런히 밀랍처럼 누워 계신 어머님의 손을 잡고 눈물을 흘리는 것. 그것이 면회의 전부였다.

의식을 잃은 지 일주일째 되던 날, 남편은 가해자가 누구인지 밝혀냈다. 면회 시간이 아닌데도 남편은 간호사에게 사정해서 중환자실에 들어갔다. 차디찬 어머님 손을 잡고 가해자가 누구인지 말씀드렸다. 어머님은 남편의 말이 들리지 않으셨겠지만, 영혼으로나마 들으셨을까. 억울함을 풀어드리고자 애쓴 아들의 마음을 알기라도 하신 걸까. 그 이야기를 듣고 한 시간 뒤 어머님은 영원한 안식에 드셨다. 가해자가 밝혀졌으니 이제는 평안하다는 듯, 어머님은 그렇게 영원히 돌아오지 않을 길을 떠나셨다.

맏며느리인 나는 처음 겪는 일들을 집안 어른들의 도움으로 하나씩 해나갔다. 54세라는 짧은 생을 마감한 시어머니를 안타까워하며 많은 분이 조문했다. 갑자기 집안의 안주인이 되어버린 책임감이 그 큰일을 감당하게 했는지도 모르겠다. 조문객의 식사며 금전을 관리하고 먼 곳에서 오신 분들의 잠자리를 마련하고…. 무엇을 어떻게 치렀는지도 모르게 그저 묵묵히 해나갔다. 돌아가신 지 삼일째 되던 날, 어머님을 산소에 남기고 장지에서 친척들과 인사하는 것으로 장례가 마무리되었다.

남편과 나, 세 살배기 아들만 덩그러니 남겨진 채 묘지를 떠났다. 주섬주섬 짐을 챙겨 차를 타고 집으로 향했다. 차 안은 무거운 침묵과 신상삼이 맴돌았고, 누구도 먼저 그 침묵을 깨려고 하지도 않았다. 몸은 지쳤지만, 정신은 오히려 또렷해지는 와중에 집에 도착했다. 남편은 곤하게 잠든 아들을 안고, 양손에 짐을 든 나는 먼저 집으로 들어섰다. 열흘 만에 다시 들어서는 집이었다. 2층으로 오르는 계단 한 걸음 한 걸음이 묵직하고 낯설었다. 열쇠조차 생소하게 느껴져 몇 차례 손이 미끄러지고 나서야 겨우 현관문을 열었다.

거실 유리문을 열자 비어있던 집 냄새가 어머님의 부재를 알렸다. 오랫동안 닫혀 있어 무겁게 가라앉은 공기가 선뜻 집안으로 발을 들여놓지 못하게 막았다. 집안에 갇혀 있던 어떤 거대한 무게가 나에게 한꺼번에 밀려드는 것 같았다. '이제 이 집의 모든 것이 온전히 내 몫이 되었구나'라는 생각과 함께 온몸이 쇳덩이를 안은 듯 내려앉았다. 그 모든 것을 홀로 감당해야 한다는 사실이 벅차 서러웠다. 나도 모르게 뜨거운 눈물이 쏟아져 내렸다. 그렇게라도 해야 조금이라도 마음의 무게를 덜 수 있을 것 같았다. 아니, 그제야 어머님의 빈자리가 피부로 생생하게 와닿았다. 그 자리를 내가 메워야 한다는 현실을 받아들이기가 너무나 어려웠다. 어른이 된다는 것이 이런 것일까. 아직 내가 해야 할 일이 아닌 것만 같았다. 내가 감당하기엔 거실이 너무 넓게 느껴져 울었다. 텅 빈 집에 들어서면 혼자 버려질 것만 같았다. 혼자 감당해야만 하는 삶의 무게. 그것을 피하고만 싶었다. 삶은 그저 살아가는 것이 아니라 살아내야 하는 것이었다.

하염없이 흐르는 눈물을 남편에게 들킬까 봐 주방으로 향했다. 양손에 들었던 짐을 내려놓고 눈물을 훔치며 주방을 둘러보았다. 그곳도 이젠 나 혼자 감내해야 할 몫이었다. 주방 곳곳에 어머님의 손길이 서린 자리도 이제 내가 책임져야 했다. 홀로 남으신 시아버님과 시동생의 결혼, 그리고 여덟 남매 친척들의 대소사까지. 이 모든 시어머니의 빈자리를 내가 메워야 했다. 그 모든 책임을 감당하며, 살아내기 위해, 아니 살기 위해, 그때부터 진짜 나의 기도가 시작되었다.

정신없이 살아가는 순간순간, 살아내는 삶이 기도였다.

9. 묵상일기 - 소리

누구에게나 마음 깊은 곳에서
들려오는 소리가 있다
그 소리가 있기에 흔들리지 않고
자신 있게 나아갈 수 있는 것이다

세상의 너무도 많은 소음 때문에
내 소리를 들을 수가 없다
내 소리가 세상의 소리에 묻혀버리고
내 소리를 들으려 애쓰지 않고 희미해져 버린다

자신도 모르는 사이
주위의 소리에 흔들리고
무엇인지 어떻게 해야 하는지 몰라 당황하고
걱정과 불안에 휩싸인다

내 안의 소리는 멈추어야만 들린다
내 안의 소리는 가만히 귀 기울여야 들린다
내 안의 소리는 나에게 집중할 때 말한다

침묵 속에서 나를 바라볼 때
내가 보인다
내가 들린다

자신으로 살아갈,
참 생명으로 살아갈 힘은
들음에서 온다

나를 멈추고
나를 듣고
내가 꽃 피어난다

참 생명으로 살아나는 희망은
들음에서 온다

봄을 향한 고해성사

바삐 가느라 봄의 기척을 놓쳤습니다
서둘러 가느라 나뭇가지에 올라온
노란 산수유 꽃망울을 외면했습니다
앞만 보느라 새순이 올라오는 것도 몰랐습니다

내가 보지 못해도 봄은 기어이 오고
내가 외면해도 산수유 꽃은 노오랗게 얼굴 내밀고
나뭇가지에 새순은 연둣빛을 틔웁니다

보아주지 않아도
외면하고 무시해도
무관심 속에서도
봄은 그렇게 묵묵히 자신의 자리에서 애쓰고 있습니다

거친 봄바람이 심하게 부는 것도
꽃샘추위가 살을 에는 아픔도
그저 받아들이며
어느 것도 탓하지 않은 채 억울함과 원망도 없이

그냥 그렇게
살아냅니다

성모의 밤 헌시

사실, 꽃은 필 때 참 아픈 거라고 합니다

아름다운 화관을 머리에 쓰신 어머니, 성모님

그 화관이 향기로운 꽃으로 피어나 머리에 올려지기까지
얼마나 많은 가시에 찔리며
예수님의 가시관을 대신 쓰시고자 애타하셨는지요
얼마나 간절히 아들 예수의 십자가를 대신 짊어지길 원하셨는지요

사랑하는 자식을 위해서는 목숨까지도 아깝지 않기에
아들이 짊어진 십자가의 고통이 차라리 내 것이기를
얼마나 속으로 되뇌셨는지요
처절한 십자가의 길은
예수님 홀로 감당해야 할 몫이기에
그저 바라보며 가슴을 적시며 지새운 밤은
또 얼마나 많았는지요

아들이 걸어가는 길을 지켜보며 바라볼 수밖에 없었던
그 애절한 마음이 깊이 물들어 붉은 장미가 되고,
그 고통의 흔적이 가시로 남아 있습니다

자식이 걸어가는 길을
바라보고, 지켜보며, 기다리는 것이
당신의 삶이었습니다
묵묵히, 곰곰이 생각하며
하느님의 뜻을 헤아리려
얼마나 많은 시간을 기도에 매달리셨습니까?
하늘 엄마의 미소는
기도가 담겨 있어 위로와 평화의 향기에 젖어 들게 합니다

고통 너머의 기쁨을
십자가의 수난 너머의 영광을 볼 수 있는 눈은
분명 기도를 통해 들을 수 있는 하느님의 소리였습니다

하늘 엄마 성모님

저희도 당신처럼 지켜보고 기다리는 사랑을 품고 싶습니다
저희도 당신처럼 기도 안에 머물며 하느님의 소리를 듣고 싶습니다
저희도 당신처럼 저희에게 맡겨주신
하느님의 생명들을 돌보며
하느님께 기쁘게 협력하고 싶습니다

그래서 당신처럼 향기로운 장미 화관을
하느님께 봉헌하고 싶습니다

생명을 존중하며
경험을 통해 깨닫고 알아가는
자녀의 삶을 묵묵히 지켜보며 응원하게 하소서

때론 넘어져도 스스로 다시 일어나
자신의 길을 걸어갈 수 있도록 기다리게 하소서
선부른 경험과 생각에 가려 앞서 판단하지 않고,
자녀를 있는 그대로 바라보게 하소서

인생은 초대이고
세상은 선물임을 기억하며
십자가를 희망하고
기쁘게 당신의 아들 예수님을
알아가고 만나갈 수 있도록 저희를 위하여 빌어주소서
아멘.

Ⅲ. 도로테아 순례길 _이승훈

이승훈(프란치스코)

• 계간 『출판과 문학』 발행인, 해드림출판사 대표

• 저서

시 집 : 『우리는 누구에게 절박한 무엇이 된다』(2022)

실용서 : 『자비출판』(2018), 『자비출판, 반항해야 성공한다』(2023)

『최무식의 무의식, 수면 중 잭팟 터트리』(2024)

『노벨문학상 수상자들의 글쓰기 분석』(2025)

『국어사전에 숨은 예쁜 낱말』(2017)

산문집 : 『외삼촌의 편지』(2016),『어머니 당신이 있어 살았습니다』(2022)

수필집 : 『가족별곡』(2010),『도토리의 꿈』(2023)

타 로 : 타로 장편소설 『타로의 신』(2025)

『더 단단해지는 아픔』(2025)

『타로와 스토리텔링』(2024)

『타로심리상담사의 기본적 소양』(2024)

jlee5059@hanmail.net

1. 두려움과 싸우던 밤길

> 나 비록 음산한 죽음의 골짜기를 지날지라도 내 곁에 주님 계시오니 무서울 것 없어라. 막대기와 지팡이로 인도하시니 걱정할 것 없어라. (시편 23, 4)

뒤돌아 보면 하루하루가 기적이었다. 영육의 평화가 생명이라는 사실은 적어도 내게는 진리이다. 영육의 평화가 생명이라는 사실을 절박하고 처절하게 겪으며 살았다. 아무 일 없는 하루가 내 평화의 이상형이었다.

자그마한 회사를 꾸려온 지 19년 차이다. 처음 6년은 온수동, 이후 지금까지는 문래동 사무실이 일터이다.

온수동에서 일할 때였다. 우리 편집장에게는 아주 귀

여운 세 살 손자가 있었는데 녀석은 나를 할아버지라 불렀다. 나이 오십부터 할아버지 소리를 들었지 싶다. 하루는 점심때 녀석의 엄마와 아빠랑 셋이 사무실을 방문하였다. 하지만 돈이 없어 점심도 못 먹이고 돌려보냈다. 아직 기저귀를 안 떼어 엉덩이가 오리궁둥이였던 녀석을 가운데로, 왼쪽에는 키 큰 아빠, 오른쪽에는 깡마른 엄마 셋이 온수역을 향해 힘없이 걸어가던 뒷모습은 지금도 몹시 아프게 한다.

어느 날 건물 주인이 자신의 사무실로 나를 부르더니 종이 한 장을 내밀었다. 임대료가 석 달이 밀려 있었는데, 각서를 쓰라는 것이다. 나는 죄를 지어 선생님께 불려간 아이처럼 굽죄이며, 주인이 불러주는 대로 쓰고 지장을 찍었다.

사무실에서 일하는 직원이라야 세 명뿐이었다. 하지만 봉급이 밀리기 일쑤여서 다들 극도로 예민해져 있었다. 출근 시간을 제때 맞춰 출근하는 이도 없었다. 사무실에서 숙식을 하던 내가 밤새 쓰러져 죽어도, 죽은 나를 발견하기까지는 오랜 시간이 걸릴 만큼 외로운 나날이었다.

어느 해 설 전날이었다. 직원들 보너스는 고사하고 밀린 봉급이라도 챙겨주어야 하는데, 손 내밀 데는 아무 곳도 없었다. 책상 앞에서 일하는 직원들의 뒷모습에서 깊은 침묵과 한숨이 흘렀다. 갈 데도 없으면서 가방을 들고 무작정 사무실을 나와 의정부행 전철을 탔다. 한참을 가다가 다시 돌아오는 전철로 갈아탔다. 목적지 없는 전철 안에서 나는 숨이 막힐 거 같았기 때문이다. 사무실이 있는 온수동과 가까워지자 더는 있을 수가 없어 신도림역에서 내렸다.

플랫폼을 서성거리자니 눈발이 심란하도록 휘날렸다. 사람들은 저마다 선물 꾸러미를 든 채 바삐 발걸음을 움직이고 있었다. 사무실에서 본 직원들의 뒷모습이 떠올라 주저앉고 싶었다. 이후 어떻게 설을 보냈는지 지금은 도통 기억이 없다. 어쩌면 비참한 기억이라 통째로 묻어버렸을지도 모른다.

온수동에서는 하루하루 온갖 빚단련의 두려움 속에서 보냈던 날들이다. 이즈음부터 묵주기도는 내 삶의 일부가 되었다. 묵주가 손에서 떨어질 시간이 없었다. 실어증을 앓듯 하느님 앞에서 기도를 읊조릴 수가 없었다. 도무지 당신 앞에서 가슴을 열 수조차 없어 묵주가 닳도록 돌릴 뿐이었다. 두려움이 엄습해 오면 묵주를 들고 사무실 옆 운동장을 하염없이 걷곤 하였다. 밤에도 예외는 아니었다. 잠을 이루지 못해 역곡천의 밤길을 묵주기도를 하며 한두 시간씩 걸었다. 갈수록 회사는 수렁으로 빠져들어 밤길 나서는 시간도 그만큼 잦아졌다. 매일 밤 묵주를 들고 길을 나섰다. 세상에서 오는 두려움과 어둠이 주는 두려움을 이겨내려, 비가 와도, 눈이 와도 어둠 속을 헤집었다. 내 안의 두려움을 떨쳐내는 일은 살고자 하는 발버둥이었다. 비 오는 날 가로등도 없는 온수동 철길도 걸었고, 성공회대 뒷산도 식은땀을 흘리며 넘어왔다. 밤마다 묵주기도를 두 시간 넘게 하며 돌아왔다. 어떤 날은 꾸벅꾸벅 졸며 40단을 채우기도 하였다. 그런데, 무섭기만 하던 그 어둠 속을 걷다 보니 이따금 평화가 찾아오기도 하였다. 차츰 어둠 속 시간이 친숙해졌다. 피폐하고 삭막해져 가던 영혼이 조금씩 치유가 되면서 영성도 채워져 갔다.

어느 날 건물 주인에게 모멸감을 느끼게 되었다. 건물 입구에다 책 홍보용 배너를 하나 세웠는데, 자기네 병원을 찾아오는 손님들에게 피해를 준다며 마치 어린아이 호통치듯 나무라는 것이었다. 당장 온수동을 떠나고 싶었지만 가진 돈이 없었다. 당시 우리 거래처들은 대부분 지금 사무실이 있는 문래동 건물에 입주해 있었다. 거래처를 찾았다가 건물 내 부동산 사무실 앞을 기웃거렸다. 이사할 형편이 안 되지만 너무 속상해 있던 터라, 이곳은 보증금이며 임대료가 얼마나 되는지 궁금하였다. 마침 사무실 하나가 몇 달째 비어 있다는데 1004호라는 것이다. 1004

호라는 말에서 묘한 기분이 꿈틀거렸다. 고시원 같은 사무실에서 생활하다가, 비어 있는 1004호를 들러보니 숨통이 탁 트였다. 1004호는 지금까지 나를 위해 비어 있었던 거 같았다.

계약금도 없이 그 자리에서 구두계약을 하고 말았다. 온수동 사무실 보증금이 빠져야 하고, 거기다 배를 더 준비해야 이사할 상황이었다. 하지만 기적 같은 일이 일어났다. 어느 저자가 책 두 권을 함께 출간한다면서 출판비를 선불로 지급하였고, 어느 여류 수필가는 지금 출판비가 있는데 가지고 있으면 다 써버릴 거 같다며, 곧 수필집을 출간할 것이니 미리 받아두라는 것이다. 어찌 이런 일이 있을까 싶었다. 결국 1004호는 내 차지가 되었다. 우연의 일치이지만 프란치스코 성인 축일이 10월 04일이고, 내 본명이 아씨시 프란치스코이다.

기도가 꽃이었으면 하는 때가 종종 있다. 그러면 사람들은 저마다 아름다운 꽃밭을 가꾸려 애쓸 것이다. 세상도 살맛 날 것이다. 사실 기도는 영적인 꽃이다. 신앙인들은 저마다 영적인 꽃밭을 가꾸며 살아간다. 보잘 것 없는 내 인생에서 누군가를 위해 기도하는 일만이라도 자연스러운 일상이면 하는 바람이 있었다.

문래동으로 이사 오면서 나는 안양천을 알게 되었다. 이때부터 나의 밤길 묵주기도는 고단한 내 삶의 꽃이요, 호흡이 되었다.

묵주기도를 하며 밤길 트레킹을 하다 보면 어둠 속이 어느새 환한 대낮처럼 다가오기도 하였다. 풀숲을 스치는 까칠한 바람소리나 불쑥 나타난 어둑서니에도 소스라치던 밤길이, 때로는 그분 품 안처럼 신령스럽고 편안한 지경까지 이르렀다. 조금 환한 구간을 걸으면 오히려 분심이 일어났다. 사위가 어둡고 고요할수록 내 영(靈)은 더 침잠해지는 것이다.

2. 도로테아를 만나다

서로 남의 짐을 져 주십시오. 그러면 그리스도의 율법을 완수하게 될 것입니다. (갈라 6, 2)

여기서 그만 돌아갈까.

오늘 따라 피곤도 하거니와 더 적적하다. 하지만 적적할수록 그분께 나를 좀 더 집중시킬 수 있다는 생각에서 묵묵히 걷다가, 어느덧 안양천 하류를 벗어나 한강 합수부에 다다랐다. 다른 때 같으면 늦은 시간에도 자전거 타는 이들이나 강변 트레킹 하는 이들이 쉬고 있을 곳이지만, 오늘은 빈 의자들만 휑할 뿐이다. 강물조차 꽁꽁 얼어 있으니, 모든 것이 멈추어버린 듯하다.

건너뜸 하늘공원 불빛을 바라보며 잠시 앉아 쉬다가, 스마트폰을 꺼내 혹여 기도가 필요한 분은 메시지 주라는 글을 페이스북에다 남겼다. 말기암을 앓던 형을 떠나보내기 전 부천성모병원 호스피스병실에서 '누군가 널 위해 기도하네'라는 노래를 하루에도 수십 번씩 들었었는데, 이후로 나는 그 노래의 '누군가'가 기꺼이 되어주고 싶었다.

묵주 트레킹을 마치고 사우나로 들어오니 새벽 세 시 반이었다. 다섯 시간 정도 걸은 모양이었다. 옷을 벗다가 문득 스마트폰을 들여다보니 페이스북에서 누군가 메시지를 보내온 표시가 있었다. 내가 올린 글을 아마 트레킹이 다 끝날 무렵에서야 본 듯하였다. 메시지 내용을 확인하자니 가슴이 턱 미어졌다. 생각 같아서는 걸어온 길을 다시 걷고 싶었다.

"기도가 필요합니다.

전 아마도 조만간 세상을 떠날 것 같아요…. 암 판정 2년 채 안 됐지만… 전이가 빨라 더는 해결 방법이 없는 것 같습니다. 순간순간 화살기도도 필요합니다.

극악한 통증에 이를 악물어야 하니까요.

전 님을 잘 모르지만 이 시간 간절히 기도를 구해 봅니다."

가슴이 쿵 내려앉았다. 절박한 행간들이 어지러이 꿈틀거렸다. 이 시간까지 잠 못 이루고 있었을까 싶어 더욱 안타깝기만 하였다. 도로테아 자매와 인연의 시작이었다.

신도림역 도림천에서 시작하는 밤길 묵주기도 트레킹은 안양천 상류 쪽이나 하류 쪽으로 떠나는데, 상류 쪽을 걷던 어느 날 안양시 구간에서 비산동 성당을 만나게 되었다. 안양천과 맞닿은 곳의 성당은 반가운 일이었다. 안양천에서 빠져나와 성당을 잠시 둘러보는데 괜히 가슴이 설렜다. 나의 밤길을 더 의미 있게 해줄 것 같았기 때문이다.

비산동 성당에서 출발하면 한강변 어딘가 또 다른 성당을 만날 수 없을까? 그래서 밤새도록 혹은 한 이틀 지치도록 걸어볼 '기도의 고행길'이 있지 않을까.

며칠 후 이런 생각으로 한강 지도를 살펴보니 그런 곳이 있었다. 그곳은 한강 양화대교 끝 지점의 절두산 성지 성당이었다. 더구나 '성지'여서, 이 두 곳을 연결하면 영성적인 순례길이 되지 싶었다.

미사 시간들을 확인해 보았다. 비산동 성당에서 저녁 미사(토요일 특전미사)를 드린 후 안양천을 다섯 시간 정도 걸으면 신도림역, 그 인근에서 잠을 자다가 다음 날 다시 여섯 시간 정도 걸으면 절두산 성지, 그곳에서 오후 세 시 미사를 드리는 것으로 순례를 마치면 바라던 순례길이 되었다. '발견'이었다. 모든 것이 잘 짜인 각본처럼 들어맞았다.

순례의 시작 미사와 마침 미사, 알파와 오메가처럼 두 곳이 자꾸만 떠올랐다. 이는 하룻밤 새 걸을 수 있는 거리는 아니었다. 하지만 꼭 걸어봐야지 하면서도 감히 엄두를 내지 못한 채 2년이 흘렀었다.

그런데 도로테아 자매의 메시지를 받고 나니 문득 그 길이 떠올랐다. 결국 도로테아 자매의 치유를 위한 첫 번째 묵주기도 트레킹을 나서게 되었다. 2016년 2월 20일이었다. 이후 2020년 12월 26일까지 42번째 다녀왔고, 그때마다 비산동 성당 주보와 절두산 성지 성당 주보를 묶어두었다. 42권 세트인 셈이다.

3. 도로테아 순례길을 열다

> 네 마음을 다하여 주님을 신뢰하고 너의 예지에는 의지하지 마라. 어떠한 길을 걷든 그분을 알아 모셔라. 그분께서 네 앞길을 곧게 해 주시리라. (잠언 3, 5-6)

비산동 성당은 토요일 저녁미사가 7시 40분이었다.(나중에 7시 30분이라는 것을 알았다.) 처음으로 1박 2일 걸을 생각을 하니 흥분되기도 하였다. 물과 초콜릿, 그리고 아직은 밤바람이 차가워 여분의 방한용품도 배낭에 넣었다. 다른 때는 빈 몸으로 떠나지만 오늘은 플래시며 지팡이도 챙겨두었다. 밤길을 걷다 보면 갑자기 사람이 나타나는 경우가 있다. 그런 때는 서로 놀라기도 하는 터라,

몸에 작은 플래시를 부착하면 상대방이 나를 미리 인식하여 덜 놀랄 것이다. 지팡이는 밤길에서 든든한 도구이기도 하다. 어떤 일이 생기면 나를 보호할 수도 있다. 밤새도록 걷다가 불편한 일이 생기면 몸도 의지해야 한다.

사무실을 나섰는데 정작 이 지팡이를 두고 왔다. 중요한 무언가를 챙기지 못한 것처럼 허전하여, 다시 가 챙겨올까 하다가 그만두었다. 어차피 그분에게 의탁하며 걸었던 밤길이기 때문이다. 다소 여유 있게 나설 것을, 이유 없이 미적거리다가 시간이 빠듯하게 생겼다. 신도림역에서 전철을 타고 안양역에 도착하였다. 스스로 의미를 부여한 첫 순례길이라, 전철 안에서 미사를 놓칠까 봐 내내 안절부절못하였다.

비산동 성당이 있는 안양천 상류 쪽은 근 1년 만에 나서는 길이다. 안양천 하류 쪽과 한강은 발씨 익도록 다녔으나 여긴 다소 서툴렀다. 상류 쪽으로 오더라도 신도림에서 걸어왔다가 비산대교에서 끝내거나 되돌아갔을 뿐, 안양으로 전철을 타고 와 비산동에서 하류 쪽을 향해 출발한 경우는 한두 번에 불과하다.

안양역에 내리면서부터 헤매기 시작하였다. 안양역 바로 앞 아파트 단지를 가로질러 안양천으로 나가 비산동 성당으로 가야 하는데, 마음이 급해 허둥대느라 안양천으로 빠져나가는 입구를 찾을 수가 없었다. 반대편으로 한참 가다가 주민에게 묻고서야 다시 되돌아와 찾았다. 미사 시간은 7시 40분, 아무래도 늦을 거 같아 뛰다시피 하였다.

성당까지는 상당한 거리감이 느껴졌다. 미사를 드릴 수는 없더라도, 성당에서 기도는 하고 떠나야 했다. 미사를 포기한 마음으로 들어선 성당 안은 고요하였다. 시계를 보니 7시 58분, 슬며시 성전 문을 열자 막 예물 봉헌을 시작한 참이었다. 안도의 한숨을 길게 내쉬었다. 미사를 드리고 출발하는 것과 그냥 출발하는 것은 심리적 무게감이 다르지 싶었다.

미사가 끝나고 묵주 하나를 샀다.

밤길에서 늘 지니고 다니는 묵주가 있지만 새 묵주를 산 것이다.

저녁 9시, 드디어 비산동 성당 앞에서 순례를 시작하였다.

차가운 바람이 제법 불었다. 안양천과 한강의 겨울 밤길은 매서운 바람이 있어야 제맛이다. 푹 뒤집어쓴 모자 속으로 아우성치며 파고드는 바람소리가 짜릿한 겨울 맛을 주기도 한다. 다행히 등 뒤에서 부는 바람이라 길을 걷는 데는 편안하였다. 이곳을 오랜만에 걷기는 한 모양으로, 모든 게 낯설게 느껴진다. 그런데 한참 걷자니 주변이 점점 생소하다. 다리 이름들도 내가 알던 다리 이름들이 아니다. 성당 앞에서 방향 감각을 잃은 것은 아닐까. 안양천 물결을 가만 바라보았다. 물이 흐르는 방향을 따라 걸어야 하는데 나는 물길을 거슬러 걷고 있었다. 등 뒤에서 부는 바람도 어쩐지 수상하였다. 결국 안양감리교회 앞에서 되돌아섰다. 되돌아 걷다 보니 이제야 주변 풍경이 낯익는다.

그런데 또 홀린 듯이 금세 낯설다는 느낌이 되돌아 왔다. 도대체 뭐가 잘못 되었을까. 잠시 가던 길을 멈추고, 안양역과 비산동 성당 그리고 거꾸로 갔던 길을 점검해 보았다. 분명히 안양천이 흐르는 방향으로 걸어오는데 무슨 일일까. 주변을 둘러보며 정리해 본 다음에야 내가 평소 다니던 길이 아니라 안양천 건너편 길을 따라 걷고 있다는 것을 알았다. 충훈1교 아래에서야 나는 다시 안양천을 건너 제대로 걷기 시작하였다.

사무실을 나설 때부터 무언가 자꾸 나를 흔드는 기분이 들었다.

> 아무것도 걱정하지 마십시오. 어떠한 경우에든 감사
> 하는 마음으로 기도하고 간구하며 여러분의 소원을 하

> 느님께 아뢰십시오. 그러면 사람의 모든 이해를 뛰어넘는 하느님의 평화가 여러분의 마음과 생각을 그리스도 예수님 안에서 지켜 줄 것입니다. (필리 4, 6-7)

보름달은 아니지만 달이 맑게 떠 있다.

터벅터벅 걷자니 지팡이를 안 가져온 게 다소 걸린다.

처음 밤길을 나설 때는 플래시와 지팡이를 꼭 챙겼었다. 그때는 어둠 속이 두려움으로 가득하였다. 그런데 밤길을 나설 때마다 차츰 고민이 되기 시작하였다. 당신께 나를 맡기고 걷는다면서 나를 보호할 도구를 챙긴다는 게 어쩐지 의심처럼 다가왔기 때문이다. 그러다 서서히 그런 것을 내려놓은 채 달랑 묵주 하나 들고 나서곤 하였다. 사실 그러면서도 불안하였다.

나는 종종 '어린아이처럼 모든 것을 그분께 맡기는 신앙'과 진인사대천명(盡人事待天命)이라는 말처럼 '당신께서 주신 자유의지로 최선을 다하고서 그 결과를 당신 뜻에 맡기는 신앙' 사이에서 고민을 한다. 급한 일이 있거나 일이 밀려 있을 때 내 영적 스승인 토마스형이라면 모든 것을 그분께 맡기고 성당으로 향하지만, 나는 그분께서 주신 자유의지를 떠올리며 일을 먼저 하는 편이다. 하지만 내가 성당 활동 대신 일을 해도 밀린 일이 다 처리되는 것도 아니요, 그 시간 무슨 일을 대단히 하는 것도 아니다. 믿고 내려놓지 못하는, 일에 사로잡혀 있는 내 모습인 것이다.

묵주기도를 하며 걷다가도 문득 문득 딴생각에 빠지곤 한다. 깊은 어둠 속에서 땅만 보고 걷자면 오히려 마음이 편하다. 뒤에서 누가 따라오든, 앞에서 누가 나타나든 그분을 신뢰하며 땅만 바라보지만 나는 몇 미터나 그리 갈 수 있을까.

조금씩 피로감이 느껴진다. 평소 잠자리 시간이 가까워진다는 의미이다. 길가 무성한 풀숲을 스치는 바람소리가 옥수수밭에서 듣던 소리처럼 아늑하다. 어릴 적 키 큰 옥수수 밭고랑에 쪼그려 앉아 있으면 긴 옥수수 이파리를 스치는 바람소리가 까무러치도록 포근하였다. 바로 마당 앞과 옆이 대밭인 집에서 자랐던 나는, 어릴 때부터 바람소리가 좋았다. 대나무 밭이나 소나무 숲이나 갈대숲이나 옥수수밭에서 일어나는 바람 소리뿐만 아니라, 겨울날 마당을 휘젓는 바람 소리, 문을 덜컹거리는 바람 소리들을 아련하게 듣고는 하였다.

안양천변에는 군데군데 무성한 풀숲이 있다. 이런 곳을 지나치다 보면 풀숲 가운데 텐트를 치고 하룻밤 지내고픈

충동을 느낀다. 풀숲에 파묻혀 있으면 스르르 눈이 감기도록 포근할 것인 데다가, 풀숲을 스치는 바람소리가 오금 저리도록 짜릿할 것 같기 때문이다. 또 여름에는 청량한 풀벌레 소리를 어찌 감당하랴. 언젠가는 이 동화적인 풀숲 텐트 안에서 피곤한 몸을 뉘어보려 한다.

어둠 속 사위가 지극히 평화스럽다. 미안하게도 '행복하다'라는 느낌이 온다. 아무도 없는 밤길에서 누군가를 위해 끊임없이 기도하며 걷는다는 것이 소멸적 기쁨처럼 잠깐 행복한 느낌을 가져온 듯하다. 그런데 등 따습고 배불러도 이 밤길 기도를 자주 할 수 있을까. 영적인 희열을 깨닫기 시작하였으니 어떤 상황에서든지 이런 시간을 즐길 것도 같다.

조금씩 졸음이 쏟아진다. 절두산 성당 주일 미사는 오전 10시와 오후 4시라고 하였다.(절두산 성지 성당 미사시간도 오후 3시인데 4시로 잘못 알고 있었다.) 쉬지 않고 걷는다면 오전 10시 미사를 드릴 수 있겠으나 그것은 아무래도 자신이 없었다. 출발 전 생각으로는 한강 여의나루 전철역 즈음에서 잠시 눈 붙일 사우나를 찾아볼 생각이었지만 지금 피로도로 봐서는 거기까지 가는 게 어려울 듯하다. 여차하면 안양천 인근 모텔이라도 찾아야 한다. 구로역 앞 사우나 한 곳을 아는데, 거기는 안양천에서 한참 벗어나야 한다.

> 너희가 내 이름으로 청하는 것은 무엇이든지 내가 다 이루어 주겠다. 그리하여 아버지께서 아들을 통하여 영광스럽게 되시도록 하겠다. (요한 14, 13)

배낭에는 플래시를 달았다. 그런데 걷다 보니 오른손에 들려 흔들리는 묵주가 플래시에 비쳐 예쁜 그림자를 만들어 낸다. 그래서 잠깐 스마트폰으로 묵주 그림자를 찍었다.(나중에 사진을 보니 묵주가 마치 하얀 눈밭이나 하얀 보석에 박혀 있는 것처럼 보였다.)

잠깐 잠깐 눈이 감긴다. 차가운 바람을 피할 데 있으면 잠시 들어가 쉬련만 안양천변이나 한강에는 그런 곳이 없어 아쉽다. 서울 금천구쯤 지나오다가 안양천변 언덕 군데군데 놓인 화장실로 들어갔다. 변기 뚜껑을 닫고 배낭을 맨 채 앉아 눈을 붙였다. 이곳 화장실에는 난방 설치는 안 되어 있었다. 안양천과 한강이 만나는 합수부에도 화장실이 세워져 있는데, 한겨울 들어가 보면 하도 훈훈하여 화장실이라는 느낌이 안 든다. 얼마나 훈훈하지, 추운 날 그 화장실을 들어갈 때마다 한뎃잠을 자는 노숙자가 떠오른다. 이처럼 따듯한 곳에서 잠시 몸이라도 녹였으면 싶은 것이다.

컴컴한 화장실 변기통에 앉아 두 다리를 뻗은 채 한 십 분 눈을 붙였다. 밤길 걷다가 화장실에서 잠을 청해 보기는 처음이다. 통증이 밴 다리가 조금 가벼워진 듯도 하다. 하지만 한 번 몰려오기 시작한 졸음과 피로감은 점점 무게를 더하였다. 구로동 고척교를 지나 오금교에 이르자, 아무래도 안양천을 빠져나가 쉴 곳을 찾아야겠다는 생각이 들었다.

내일 다시 안양천으로 돌아와야 하니 쉴 곳이 가까이 있기를 바라며 오금교로 올라갔다. 오금교에서 구로역 방향으로 두리번거리며 한 5분 걸었을까, 바로 오른 편에서 기다렸다는 듯이 사우나가 나타났다. 이 '힐링사우나' 간판은 5~6층에 달려 있으나 정작 사우나는 지하였다.

뜨거운 물로 샤워를 하고 누웠으나 깊은 잠이 올리는 없다. 몇 시간째 걷느라 굳어진 근육이 풀리며 연속 신음을 자아냈다. 사우나에 들어온 시간은 새벽 3시였다. 오후 9시부터 여섯 시간 남짓 걸었으니 더 걸을 수도 있지만, 이후 안양천변이나 한강변에서는 쉬어갈 장소를 찾기가 어려울 거 같았다.(이후로는 문래동 사무실로 들어와 잠을 잤다.)

4시쯤 잠이 들었는데 사우나에서 너무 오래 머물러 버렸다. 아침 9시에야 부랴부랴 다시 출발하였다. 밤길과 달리 아침에는 역시 시야가 가득 찬다. 밝아진 세상 탓인지 나도 모르게 회사 일을 떠올리면서 걱정을 앞세운다. 지금 무단히 앞일을 떠올려 봐야 부질없을 뿐이다. 어떤 두려운 일이든 이 순간 다 버려도 전혀 문제가 없는데, 지레 걱정하느라 기도하는 의미를 퇴색시키는 것이다. 도대체 내 안의 무엇이 나를 겁주거나 기도하는 시간을 수시로 훼방하는 것일까.

시장기가 몰려왔다. 어제부터 요기는 초콜릿 하나가 전부였다. 밤길을 걷다가 배불리 먹으면 잠이 쏟아져 더는 걷기가 힘들어진다. 당산철교 아래 편의점에서 라면을 끓여먹으며 좀 쉬었다. 배곯던 어린시절 먹던 라면 맛에는 못 미치더라도 이만한 라면 맛이 또 있을까. 다리를 조금씩 절뚝거리기 시작한다.

샛강으로 들어서자 먹구름 밀려오듯이 식곤증이 밀려왔다. 아무데나 누워 눈을 붙이고 싶은데 혹 한뎃잠에서 몸살이라도 붙들게 될까 봐 조심스럽다. 하지만 계속 걷기도 벅차다. 앞으로 몇 시간을 더 걸어야 해서 의자에 누워 잠깐 눈을 붙였다. 모르긴 해도 코를 심하게 곯았을 것이다. 옷을 두툼하게 입어선지 그다지 한기가 심한 것은 아니었다.

샛강을 지나 여의도를 돌아 서강대교를 건널 참이다. 내가 다녔던 밤길 묵상은 고난의 기도이다. 편하자고 나선 길이 아니다. 피땀 흘려 하는 기도는 아닐지라도, 어둠 속 두려움과 싸우고 쉬고 싶은 유혹을 견디며 그분께 바싹 붙어서 기도하는 길이었다.

서강대교 아래 오니 오후 1시 반이 되었다.

긴 한강 다리를 걸어서 건너보기는 생전 처음이다. 초등학교 때 철길로 다닌 등굣길에는 다리가 세 개가 놓여 있었다. 당시 저학년이던 나는 현기증이 나고 무서워 레일을 붙든 채 쪼그려 앉아 게걸음으로 건너곤 하였다. 다리를 건너는 중에 열차가 오면 어쩌나 하는 두려움이 더해져 다리를 건널 때마다 그야말로 고역이었다. 지금도 나는 다소 고소공포증이 있다. 서강대교를 건너며 아래를 내려다보니 아찔한 현기증이 일어난다. 바람이 몸을 자꾸 난간으로 밀어붙여 발걸음에는 잔뜩 힘이 들어간다.

서강대교를 건너 다시 한강으로 들어섰다. 당인리 발전소를 지나자 성지가 보였다. 성지에 도착한 시간은 3시, 드디어 비산동 성당에서 절두산 성지까지 순례길을 만들었다. 나름대로 깊은 의미가 부여됐다. '순례길'이라는 것은 단 한 번만, 나 혼자만 다니는 길은 아니다. 아픈 도로테아가 떠올랐다. 이 순례길이 그녀가 치유되어 회복하는데 작은 힘이라도 되기를 소망하였다.

지난 밤 아홉 시에 출발하여 오후 3시에 도착한 것이다. 한 시간 일찍 도착하였으니 성당에서 기도를 이어가려고 들어서자 뜬금없이 미사가 시작되고 있었다. 분명히 4시라고 들었는데 3시 미사라니…. 어쨌든 정확하게 3시 미사 시간을 맞춰 성지에 도착하게 된 셈이다. 비산동 성당에서와 마찬가지로 도로테아를 위해 미사를 봉헌하였다. 오랫동안 실천하지 못한 이 순례길을 감행하게 된 것은 암투병 중인 그녀 덕분이다. 순례길 내내 바쳤던 묵주기도도 그녀의 쾌유를 위한 기도였다. 그래서 비산동 성당에서 절두산 성지까지의 길을 그녀의 본명을 따 '도로테아 순례길'이라고 붙여주기로 하였다. 비산동 성당에서 묵주를 새로 산 까닭은 순례길 내내 들었던 묵주를 도로테아에게 보내주고 싶었기 때문이다.

사순시기 동안 그리고 이후에도 이 길의 밤길 순례를 통해 병마로 신음하는 이들, 고난 중의 아이들, 가난으로 두려워하는 이들을 위해 기도를 하려고 한다. 그녀도 병마로부터 벗어나 묵주기도를 하며 '도로테아 순례길'을 걷게 되기를 기도하였다.

처음이라 헤매기는 하였지만 첫 번째 순례길을 무사히 마쳤다. '도로테아 순례길'이 적어도 내게는 '미니 산티아고 가는 길'처럼 다가왔다. 또 특별히 누군가를 위해 이 길을 나서게 된다면, 그를 위해 묵주를 사서 그 묵주로 기도하고 그 묵주를 보내주고 싶었다.

4. 도로테아 순례길 8차

> 나는 훌륭히 싸웠고 달릴 길을 다 달렸으며 믿음을 지켰습니다. (2티모 4, 7)

여름앓이처럼 잠을 설친 탓인지 졸음이 쏟아진다.

출간 상담이 있어 나갔다가 사무실로 돌아오니 오후 여섯 시, 자취소리 없이 또 하루가 떠날 채비를 한다.

오늘은 '도로테아 순례길'을 나서기로 한 날이다. 일주일 전부터 계획한 두 달만의 순례다. 순례의 출발지인 안양시 비산동 성당의 토요일 미사는 일곱 시 반이다. 지금 바로 나서야 한갓지게 갈 텐데 쏟아지는 졸음을 어쩌지 못 해 딱 십 분만 눈을 붙였다가 일어나기로 한다.

하지만 금세 염려한 일이 벌어졌다.

잠깐 까무룩 하다 화들짝 시계를 보니 여섯 시 반이다. 부랴부랴 배낭을 챙겨 신도림역으로 나갔다. 다행히 전철은 지체 없이 왔지만 가는 내내 동동거리는 조바심을 어쩔 수가 없다.

이젠 발써 서툰 길이 아닌데 왜 이럴까.

전철역에서 개찰구를 빠져나오니 생낯이 바람처럼 훅 불어왔다. 안양역이 아니지 싶은데 주변을 둘러보아도 역 이름이 없다. 도대체 내가 어디서 내린 걸까. 갑자기 길을 잃어버린 듯 멈칫거렸다. 다시 들어가 전철을 기다릴까 하다가 아무래도 늦지 싶어 택시를 탔다. 내가 내린 역은 안양역에서 한 정거장 전인 관악역이었다.

다행히 미사 시간은 맞출 수 있었다.

도로테아는 끝내 세상을 떠났다. 내게 '도로테아 순례길'을 만들어 준 채 기별 없이 떠난 것이다. 그래서 오늘은 도로테아 영혼을 위해 나섰다. 도로테아가 세상을 떠난 후 일주일쯤 지나서야 망설이며 병원에 전화를 걸어 그 사실을 알았다. 눈물이 징 솟을 만큼 착잡하였으나, 극심한 통증과 두려움에서 벗어났다는 사실로 위안을 삼았다.

이제 평화로운 안식에 들었구나….

도로테아는 페이스북에서 어쩌다 한 번씩 댓글을 주고받았을 뿐인데, 두 달 사이 오랜 오누이처럼, 오랜 친구처럼 가까워졌다. 다소 차이는 있으나 죽음을 앞둔 암 환자에게는 절대적인 고독과 절대적인 두려움, 그리고 절대적인 고통이 따를 수 있다. 수년 전 형을 통해 그것을 경험하였던 내가, 도로테아의 질곡으로 쉽게 동화되기는 당연한 일이었다.

두어 달 동안 우리는 삶의 끝자락에서 수 없이 메시지를 주고받았다. 하지만 끝까지 기도해주지 못한 채 내가 무너져버렸다. 시나브로 내 목을 죄 오는 듯한 그 무게가 짓눌러 도로테아의 고통을 내려놓고 싶었을지도 모른다. 도로테아 순례길 일곱 번째를 마쳤을 무렵, 도로테아는 호스피스 병실로 옮겼다. 그리고 다시는 카톡을 주고받지 못하게 되었다. 이때부터 나는 4년 동안 끊었던 술을 매일 마시기 시작하였다. 술을 마실 때면 7년 동안 끊었던 담배도 목이 칼칼해지도록 피워댔다. 그러다 서서히 술 담배로 빠져들었다. 속수무책, 빠져들었다. 어느 날 보니 나는 술 담배 끊기 전으로 완전하게 돌아가 있었다.

폭풍이 몰아친 듯하였다. 폭풍은 두 달 동안 이어졌다. 나름대로 금욕 생활을 해오던 것이, 비웃기라도 하듯 일순간 허무하게 무너져버렸다. 아침을 맞이하는 내 영은

술로 찌들어 혼탁하기 이를 데 없었다. 자신과의 싸움에서(그것이 영적 투쟁에서도) 날마다 고꾸라진다는 사실, 그 패배감이 짓누르다 보니 하루 업무 시작도 무겁기만 하였다.

호스피스 병실의 형은 24시간 곁을 지켜주어도 영적인 두려움을 떨쳐내지 못하였다. 세상의 어떤 능력자도 그 두려움을 없애주지 못하며, 세상 어떤 수도자도 그것을 극복하지 못할 것이다. 이미 기운이 소진해버린 육신, 통증을 줄이기 위한 모르핀의 축적, 그리고 거기서 발진하는 무섭고 혐오스러운 환영들, 탈진한 몸에서 악령의 온갖 괴롭힘을 받았다. 도로테아는 내가 보내 준 묵주를 내내 손목에 감고 있었다.

누군가 덫을 놓았네.
이 새벽에 고라니 한마리가 참다 참다 못 해 비명을 지르는 구나.
저렇게 슬픔과 고통과 두려움에 떨면서…
어쩌면 좋아. 맘이 찢어져 훌쩍이다 잠이 깨면 그 비명은 내가 내는 소리였다는.

비가 왔나요? 사진 속 길들이 다정하고 상쾌하고 미소 짓는 머리가 어깨까지 내려오는 성별이 가늠이 안 되는 청년 하나가 가볍게 그 길을 걸어요. 오빠는 바로 그 뒤를 걷고…. 전 좀 멀리서 그 모습을 바라 봐요.

비 온 후의 숲은 참 아름답고 신비하죠.

오늘도 신비를 느끼며 하루가 지났으면 합니다.

갈수록 몸이 나빠져요.

오빠, 오빠…. 아침이면 땀으로 다 젖고, 어젠 악몽으로 울다 깼어요.

이만큼 다가왔다가 아주 멀리 쓸려간 것처럼 모두와 멀어져 가는 기분이.

외롭고 슬퍼요.

잘 자요. 꿈속에서라도 여행을 떠나고 싶어요. 망가지지 않았을 때의 작은 바닷가 정동진. 부산의 달맞이 길…. 아마 제 모습을 간직한 곳은 없을 테니까요. 멀리 여행을 가요. 울릉도, 오동도, 제주도, 어디든…. 자~! 날아요!

도로테아가 보내오는 메시지를 보면 도로테아는 시인 같았다. 굳이 메시지 내용을 헤아릴 필요도 없었다. 내 가슴이 먼저 알고 말문을 닫았다. 점점 그녀에게 해줄 답장도 메말라 갔다. 가만히 들어주며 마음으로, 기도로 쓸어 줄 뿐이었다.

그녀는 내게 오빠라 불렀다. 친구의 존재감보다는 '오빠'라는 존재가 아픔을 위로 받기에는 더 편할 것이다. 도로테아의 고통이 더 숨 막혔던 것은, 지난날 형이 겪었던 그것이 내게 문신처럼 새겨져 있었기 때문이다.

여덟 번째 순례가 되는 추모 순례를 계획하면서, 술과 담배를 다시 끊었다. 그리고 금욕을 새롭게 묵상하면서 내게 붙어 있는 이런저런 악습도 하나씩 끊어갔다. 금욕이 또 다른 기쁨이라는 것을 깨달았다. 욕구를 억제하는 고통 가운데 희열이 있었다. 술 끊는 것보다 더 어렵던 식탐도 제압하였다. 눈만 뜨면 사로잡혀 있는 것들에서 나를 떼어냈다. 금욕은 내 영(靈)을 맑게 하였다. 영이 맑은 아침이 얼마나 행복한지 오달(悟達)하였다. 볼썽사납게 무너졌던 내가, 비그이를 하면서 다시 새로워지는 듯싶었다. 어둡고, 칙칙하고, 무겁던 순례의 발걸음도 오늘은 기쁘고 여유롭다.

소란스러운 여름. 안양천변은 자정이 다가와서야 조용해졌다.

금천구쯤 이르렀을 때, 징검다리를 빠져나가는 물소리

가 피곤한 몸을 잡아끌었다. 정사각형, 직사각형의 바위로 만든 징검다리가 안양천에는 군데군데 놓여있다. 배낭을 멘 채 기다란 바위에 퍼질러 앉아 눈을 감았다. 그대로 누워 밤새 이 물소리와 더불어 잠들었으면 싶었다. 고요한 어둠 속이어서 물소리가 더 맑고 깨끗하였다. 마치 세속과 아득히 떨어져 있는 듯하였다. 사방에서 들려오는 물소리에 푹 파묻혀 있다 보니, 한 번도 들어보지 못한 도로테아의 목소리가 들렸다. 아픔 없는 맑은 목소리였다.

모든 삶의 불안과 두려움에서 해방되는 주말 내내 밤새 걸으며 기도하는 것도 금욕이다. 하고 싶은 일을 내려놓은 채, 편히 쉬고 싶은 마음을 내려놓은 채 오랜 시간 걷기 때문이다. 순례의 기도가 더는 고행이 아닌 즐기는 기도가 되었으면 싶다. 이제는 도로테아가 겪은 아픔과 고통이 승화된 자유, 해방, 기쁨의 묵상이 되길 바란다. 묵주기도를 몇 단 하였는지 헤아리는 것도 부질없다는 생각이다. 도로테아의 고통과 훙정이라도 하듯, 순례하면서 묵주기도를 세어 당신 앞에 둥던산처럼 쌓았었다. 백 단을 하든 십 단을 하든 매 순간 당신과 함께하면 그만인 것을.

새벽 1시가 되니 안양천변 사람들이 모두 떠나고 홀로 남아 걷는다. 무성하게 우거진 갈대숲에서 개개비가 울어쌓는다. 지팡이로 아스팔트를 소리 내어 찧으며 엄습하는 두려움을 쫓았다. 지팡이가 땅에 끌리는 소리조차도 위안이 되는 시간이다.

밤 시간의 순례를 마치고 안식처로 돌아오니 새벽 두 시 십 분경이다. 여느 때와 마찬가지로 고독과 침묵과 두려움 그리고 육신의 고단함 속에서 다섯 시간 남짓 걸었다. 저녁을 먹고 걸었으니 뱃속은 이미 텅 비었다. 시장기라기보다는 창자가 꼬이듯 허기가 느껴진다. 온종일 참았다가 저녁을 먹은 후 피우는 담배 한 개비 맛이나, 고단한 하루 일과를 끝내고 바람 부는 노천 의자에서 마시는 캔 맥주의 맛, 그 유혹을 떨치듯이 식욕 또한 질끈 떨어내야 한다. 가볍고 맑을 내일 아침도 생각한다. 이전에는 밤 시간 순례를 마치면 든든히 배를 채운 채 잠들었었다. 당연히 속이 부대끼는 아침이 되었다.

몇 년 전부터 양측 엄지발가락 아래서 일어나는 무지외반증 통증을 앓는다. 오랜 시간 걷다보면 여러 개의 바늘로 쑤셔대는 듯한 이 통증이 제일 괴롭다. 아침에 일어나니 통증의 미진이 있다. 조금 걸으면 다시 통증이 되살아날 것이다. 발바닥이며 여기저기 채 가시지 않은 묵직함으로 아침 길을 나선다. 하지만 여느 때와는 달리 마음은 여유롭다. 날씨가 더운데도 이전보다 덜 힘들다. 도로테아의 고통이 내려졌기 때문일 것이다.

절두산 성지가 다가올수록 강바람이 더욱 시원하다. 순례가 행복해지는 순간이다. 이 모든 것을 누릴 수 있게 해준 도로테아가 고맙다. 성지에 도착하자마자 간단히 씻고, 도로테아의 영혼을 위해 미사 전 초를 봉헌하였다.

성지의 미사 끝나고 나니 마음이 참 편안하다. 성지 숲에서 불어오는 바람도 기쁘다. 형도, 도로테아도 더는 안 아프니까 나도 아파할 일은 없다. 15년 넘게 떨쳐내지 못한 형의 아픔도 이제야 내려놓는다. 도로테아 순례길을 완성한 기분이다. 이제부턴 기쁘게 그리고 즐기며 순례할 수 있을 것이다.

작은 메시지 하나가 내 안팎에서 큰 반향이 되었다. 서로 얼굴 한 번 못 본 채, 목소리 한 번 듣지 못한 채 삶과 영면의 길로 헤어졌지만 나는 '도로테아 순례길'과 더불어 그분 안에서 도로테아를 기억하게 될 것이고, 도로테아 역시 하늘에서 나를 기억할 것이다. 슬플 때나 기쁠 때나, 고달플 때나 행복할 때나, 추울 때나 더울 때나 '도로테아 순례길'은 내 기도의 안식처가 되어줄 것이다.

기도 생활을 해도 육신을 잘 돌보아야 한다. 자신의 영성(靈性)에 육신이 미치는 영향이 얼마나 큰지, 몹시 앓아보거나 매일 과음을 해본 사람은 안다. 육신의 고통이 따르면 아무리 영성이 충만한 이도 하느님을 즐기기도, 영적 기쁨을 맛보기도 어렵다. 육신의 고통이 따르면 마음의 평화를 잃기 십상이다. 몸이 허약해지면 악령이 쉽게 파고들어 수시로 두려움과 악몽을 일으키기 때문이다. 몸도 영도 함께 연단하여야, 진정한 영성의 기쁨을 맛볼 수 있다는 것을 '도로테아 순례길'을 통해 얻었다. 도로테아가 내게 남겨준 선물이다.

도로테아 순례길은 짧은 내 기도 생활 가운데 전혀 새로운 경험이었다. 도로테아의 쾌유 기도를 하고자 시작한 순례길에서 새로운 영성을 만들었고, 당신과의 새로운 관계를 경험하였다.

모든 우리 일상이 감사다. 하지만 기쁨이 밴 감사가 되기는 쉬운 일이 아니다. 태어날 때부터 가졌거나 혹은 너무 쉽게 얻고 흔하기 때문이다.

요즘 나는 일어나마자 기뻐 감사한다. 영이 맑은 아침을 맞이한 것에 대해서.

5. 레지나를 위하여

너희는 마음을 다하고 목숨을 다하고 힘을 다하여 주 너희 하느님을 사랑해야 한다. (신명 6, 5)

도로테아는 하느님 곁으로 갔지만 그 순례길은 계속 이어졌다. 마치 하느님께서 나를 그 길로 내몰기라도 하시듯 기도해야 할 사람이 자꾸 나타났다. 그 가운데 레지나 자매를 위해서는 편히 쉬고 싶은 주말의 유혹을 물리쳐가며 25회 이상 출격을 한 셈이다.

레지나 자매는 C 신부님과의 인연으로 알게 되었는데, 몇 년 후 우연히 만났을 때 수년 동안 암 투병 중이라는 사실을 알았다. 모든 것을 오롯이 주님께 맡기며 살아가는 레지나 자매는 성격이 어찌나 밝은지 스스로 알려주지 않으면 전혀 눈치도 챌 수 없었다. 레지나 자매에게는 보통 사람이 갖기 어려운 믿음이 있었다. 하느님께 순종하는 모습 또한 그랬다.

순례길을 나설 때마다 레지나 자매는 함께 기도해 주기를 바라는 환우들 이름을 적어 보내왔다. 모두 절박한 상황이었다. 절두산 성지 미사가 끝나면 몇 개씩 초를 봉헌하고는 하였다. 세상에는 아픈 이도 많았고, 기도해 주어야 할 사람도 많았다. 어떤 때는 순례길이 주는 무게감이 짓누르기도 하였지만, 레지나를 통해 나만의 그 순례길은 기도 봉헌의 순례길이 되게 하였다. 10차부터 41차까지는 기도 안에서 레지나와 함께한 순례길이었다. 레지나 뿐만 아니라 레지나가 내게 기도를 업힌 환우들이 적잖았다.

레지나도 하느님 곁으로 갔다. 아마 레지나는 하느님을 만난다는 기쁨이 충만하여 춤추며 갔을 거라는 생각을 하였다.

당신을 찾아갑니다

1).

자꾸 뒤돌아보고 싶은
비 내리는 어둠속을 헤치며
머나먼 당신을 찾아갑니다
어둑서니 앞을 막고
잡귀 날뛰던 길을 거두시고
어둠에서 평화를
어둠에서 빛을 찾게 하시며
어둠에 사로잡힌 제 영을
어둠으로 치유하신 길
흔들리며 부딪치는 묵주가
가만히 고요를 깨트리며
그들의 소망을 간구합니다
악령처럼 따라붙는 근심도
무언가 덮칠 듯한 두려움도 밀쳐내고
닳을 만큼 닳은 몸으로
밤새 걷고 또 걸으며
실루엣 같은 당신을 찾아갑니다

당신이 씻긴 영이
안양천변 악취로 시달려도
당신이 밝힌 영을
두루미의 새청이 깨트려도
소나기 쏟아지는 밤길
흥건한 두 발로 당신을 찾아갑니다

2).
당신이 내어주신 이 길
피땀 흘리는 기도로
환희와 슬픔의 경계에서 흐르는
그 눈물을 만나게 하소서
거칠고 멀어도 오라하시니
아득한 당신을 찾아 갑니다
백발이 휘젓는 영혼
오롯이 당신께 맡긴 채
뙤약볕 아래서도
뜨거운 눈물의 길이 되게 하소서

한 발 한 발 통증으로
안양천과 한강을 지르밟으며
절두산 당신을 만나러 갑니다
날마다 넘어지고 부서져도
또 일어나고 추스르며
이 길을 멈추게는 마소서
나의 기도는
힘없는 나비의 날갯짓
내 어찌 하늘을 움직이리까
하오나 훗날 폭풍처럼 몰아칠
신령한 기쁨을 믿으며
당신 안에서 당신을 즐기며
땀으로, 통증으로
비슬비슬 당신을 찾아갑니다
몰아쉬는 제 거친 호흡을 받으소서.

6. 도로테아 순례길 42차

_비산동 성모님부터 절두산 성모님까지

너희는 인내로써 생명을 얻어라. (루카 복음 21, 19)

나는 너희에게 평화를 남기고 간다. 내 평화를 너희에게 준다. 내가 주는 평화는 세상이 주는 평화와 같지 않다. 너희 마음이 산란해지는 일도, 겁을 내는 일도 없도록 하여라. (요한 14, 27)

마흔두 번째 도로테아 순례길에 오른다.

오늘따라 발끝에서부터 묵직한 전율이 일어난다.

걸음 하나마다 기도의 숨결이 배어나오는 듯하다.

오늘은 주님과 성모님께 감사드릴 일과 치유를 간구할 일, 그리고 다짐해야 할 일들이 함께 얽혀 있다.

크리스마스의 밤.

하늘에는 찬별이 반짝이고, 마음에는 성탄의 고요가 깃든다.

오늘로 금연 9일째를 맞았다.

무너질 때마다 의지할 곳은 오직 성모님 품이었다. 한 모금의 연기 속에 영혼까지 흐려져 가는 듯하여 성모님께 매달리듯 기도드렸다. 그분은 내 안의 혼란을 부드럽게 쓰다듬으며 오래 묶여 있던 사슬을 하나씩 풀어주셨다. 이제는 담배 연기 대신 묵주 알을 굴리며 숨을 고른다.

숨결마다 밤 공기가 맑고 투명하다.

어머니와 함께 살 수 있는 길이 열린 것도 성모님의 은총이라 믿는다.

거창한 일이 아니었다.

마음을 고쳐먹자 길이 보였다.

막혀 있던 현실이 한순간 부드럽게 풀려버렸다.

그 깨달음이 너무 단순해서 오히려 부끄러웠다.

하느님은 언제나 가까이 계셨는데, 내가 그분을 멀리 돌려 세워두고 있었던 것이다.

이 또한 감사해야 할 일이다.

이번 순례의 가장 큰 기도 지향은 이기순 다니엘 형제님을 위한 것이다. 그분은 내게 여러 은혜를 베풀어주신 분이지만, 지금은 코로나19 확진으로 중환자실에서 사투를 벌이고 계신다. 그분의 고통이 그리스도의 십자가에 닿아 구원으로 승화되기를 간구한다.

또한 미국의 석정희 시인의 딸, 석자연 자매가 큰 병으로 투병 중이라 한다. 그녀의 이름을 되뇌며 기도하지만, 문득 '나는 진정으로 기도했는가'라는 부끄러운 물음이 자신을 찌른다.

오늘은 온 마음으로 묵주 하나하나에 그들의 이름을 새기며 걷고자 한다.

12월에는 문학나눔 선정이 있다. 민혜 안나 자매님의 수필집이 꼭 선정되었으면 한다. 어려운 가운데서도 기획 출간한 책이라 선정이 되면 의미가 남다를 것이다. 그 수필집이 세상의 한쪽에서 조용한 위로로 스며들기를 성모님께 맡긴다.

로또 1등 당첨수기 책 『로또 1등 나는 이렇게 당첨되었다』를 널리 알릴 새로운 홍보 방법이 떠올랐다.

전국의 로또 판매점에 편지와 전단을 보내는 일이다.

생각만으로도 가슴이 뛴다.

왜 이제야 이런 생각을 하지 못했을까.

전국 3천여 개의 판매점을 향한 편지, 그 종이 위에는 단지 홍보 문구가 아니라 내 간절함과 기도가 함께 실릴 것이다.

이 계획이 이루어지려면 성모님의 도움이 절대적으로 필요하다.

“주님, 당신의 어머니께서 제 마음의 열정을 축복하시어 이 일이 헛되지 않게 하소서.”

비산동 성당에 도착했다.

성당 마당가의 성모상 앞에 무릎을 꿇었다.

차가운 밤공기 속에서도 성모님의 얼굴은 포근히 빛났다.

“성모님, 오늘도 제 걸음에 함께해 주십시오.”

성당 안을 들여다보니 사무실 불이 켜져 있고, 수녀님과 직원들의 모습이 보인다.

토요 특전 미사가 막 시작될 듯하지만, 코로나 확진자 수가 여전히 높아 외부 신자로서 발을 들이기 망설여진다.

성당 가족을 위해 자제하는 것이 옳다.

그래서 미사 대신 바로 순례길로 나섰다.

금연 9일째의 발걸음은 유난히 가볍다.

흡연하던 시절에는 매 걸음이 무거웠고, 숨이 가빴다.

이제는 밤공기마저 내 호흡과 함께 기도로 변한다.

돌이켜보니 마흔두 번의 순례 중 일곱 번째까지만 금연 상태였다.

그 뒤로는 늘 담배와 함께였다.

안양천의 어둠 속, 손끝에서 피어오르던 그 불빛은 마치 내 영혼이 타오르다 사그라지는 듯했다.

그 아찔한 유혹을 끊어내는 일은 고행이었다.

그러나 이제 나는 안다.

담배는 단순한 습관이 아니라 어둠이었다.

몸의 일부가 아니라 나약함이 만들어낸 그림자였다.

밤길의 순례는 언제나 쉽지 않다.

한 걸음마다 기도와 싸움이 교차한다.

걷다 보면 문득 생각이 든다.

'주님 보시기에 나의 순례는 어떤 의미일까.

이 길이 단지 내 만족을 위한 자기 위안은 아닐까.'

그러나 곧 그 생각은 감사로 바뀐다.

금연으로 몸이 가벼워지고, 그 가벼움 속에서 주님의 숨결이 느껴진다.

아, 담배여. 얼마나 오래 나를 붙잡고 있던 어둠이던가.

이제는 그 어둠을 놓아줄 시간이다.

이번 42차 순례는 어쩌면 약식 순례라 할 수 있다.

미사가 없고, 걷는 길도 짧다.

그러나 나는 깨닫는다.

순례는 거리로 완성되는 것이 아니라 마음으로 완성된다는 것을.

그리고 도로테아 순례길은 언제나 양쪽 성당의 미사로 시작되어 미사로 끝날 때 비로소 완전해진다는 것을.

오늘 아침, 평소보다 두 시간 일찍 길을 나섰다.

몸은 가벼운 듯하면서도, 아홉 달 만의 순례라 마음 한 편은 묵직하다.

절두산 성지에 도착하니 역시 미사는 없었다.

새해 1월 3일까지는 신자 없는 미사로 봉헌된다는 안내문이 붙어 있었다.

성지 입구 현수막에는 이렇게 적혀 있었다.

"당신이 천주교인이오?"

성 김대건 안드레아 신부님 탄생 200주년 희년을 알리는 문구였다.

그 한 문장이 마음 깊은 곳을 울렸다.

'그래, 나는 천주교인이다.

그리스도의 길을 걷고자 하는 사람이다.'

성모상 앞 의자에서 묵주기도 50단을 바쳤다.

묵주 알마다 간절함이 묻어났다.

이기순 형제님, 석자연 자매님, 그리고 병중에 있는 모든 이들을 위해.

기도가 끝나자 묵주가 손끝에서 미묘하게 따뜻했다.

이번 42차 순례는 비산동 성모님으로 시작하여 절두산

성모님으로 끝났다.

시작과 끝이 성모님이라니, 이것보다 더 온전할 수 있을까.

걷는 동안 다시 묻는다.

'하느님께서 보시기에 나의 순례는 어떤 의미일까.'

주말 내내 밤이든 낮이든, 이 길을 걸으며 묵주기도를 드린다는 것은 결코 쉬운 일이 아니다.

육신의 고통이 따른다.

건강한 사람이라도 목적지가 가까워지면 발을 절뚝이며 걷는다.

외로움과 싸우고, 유혹과 싸운다.

계절의 고통 속에서도 묵상은 이어진다.

그러나 그 모든 순간이 내게는 축복이다.

누군가를 위해, 도로테아를 기억하며 걷는 이 길이 주님께서 보시기에도 경건한 일이길 바란다.

순례를 마치고 돌아오면 담배의 유혹이 다시 찾아온다.

육신이 회복될수록 욕망도 고개를 든다.

그러나 이제 안다.

이 싸움은 단순히 금연의 싸움이 아니라 나약한 자신과의 싸움이다.

육신을 제어하고 영혼을 맑히는 훈련이다.

이제 올해도 마지막 한 주가 남았다.

채무의 무게가 마음을 짓누르고, 현실의 벽은 여전하다.

그러나 올해의 끝은 더 이상 두려움의 이름이 아니다.

고통 속에서도 감사가 피어난다.

하느님과 성모님 안에서 마무리되는 한 해라면 그것이야말로 가장 아름다운 마침표일 것이다.

마흔두 번째에서 도로테아 순례길은 멈춰 있다.

그러나 그 길은 여전히 내 안에서 이어진다.

밤낮으로, 비산동과 절두산을 잇는 그 길 위로 내 영혼이 걷는다.

묵주 알이 부딪히며 내는 그 고요한 소리가 오늘도 내 안에서 조용히 울린다.

그 길이 그립다.

정말로, 그립다.

7. 비 오는 샛강의 밤길

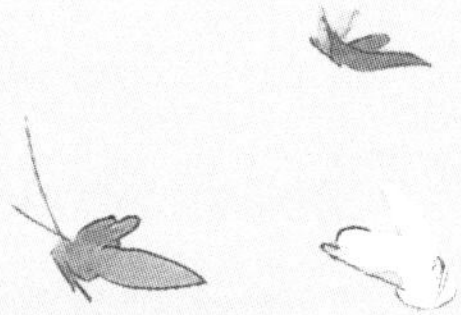

그러나 이제 야곱아, 너를 창조하신 분, 이스라엘아, 너를 빚어 만드신 분, 주님께서 이렇게 말씀하신다. "내가 너를 구원하였으니 두려워하지 마라. 내가 너를 지명하여 불렀으니 너는 나의 것이다." (이사 43, 1)

설 전날 다녀왔던 밤길 트레킹을 일주일 지나 다시 나선다. 밤 11시경 구일역에서 안양천으로 들어섰다. 어젯밤부터 내린 비가 지금까지 이어져 때로는 는개로, 때로는 이슬비로 흔들려 쌓는다. 봄기운처럼 여기저기 부유스름하게 서린 안개를 보니, 안양천 겨울 철새들은 모두 떠났을 것 같다.

애초 오늘은 멀리 나갈 생각은 아니었다. 몇 번이나 적당한 거리에서 되돌아가야지 하였지만, 밤길을 나서도록 빌미를 준 지인이 떠올라 발걸음을 자꾸만 떼어놓는다.

어릴 때도 비가 내리는 밤길은 어쩐지 음습하였다. 날씨 탓인지 인적도 없을 뿐만 아니라, 다른 날보다 어둠의 공격이 심해 일어날 수 없는 일의 상상이 전율을 일으키곤 한다. 중간 중간 거치는 다리 밑에도 어느 때보다 칙칙하고 서늘한 기운이 가득하다. 밤길을 걷다보면 특별히 수꿀한 기운이 스멀거리는 곳이 더러 있다. 그런 곳을 지날 때면 몸과 마음이 잔뜩 움츠러들기도 한다.

어둠에서 느끼는 두려움은 어떤 것일까.

생각해 보면 그 두려움은 본질적인 두려움이 아니라 실체가 없는 두려움이다. 살아오면서 습관화된 것이어서 완전히 무시해버려도 되거늘, 자신도 모르게 사로잡혀 있는 것이다. 세상사 이런 두려움이 적잖은데, 나약한 우리는 지레 겁먹으며 두려워하고 그런다.

어느덧 새벽 한 시, 안양천 한강 합수부에 이르렀다.

한강 불빛들은 안개로 푹 젖어 있다.

이슬비가 제법 내린다. 여기서 또 한참 걷다보면 선유

도를 지나 국회의사당 옆 샛강 입구까지 가게 된다. 안개 낀 샛강 숲이 벌써 음산하게 떠오른다. 오늘 샛강은 피할까…. 하찮은 두려움이 또 나를 뜯적거린다.

'적어도 영적인 사람이라면, 세속적인 어떤 두려움도 제압할 수 있어야 한다.'

사실 나는 아무 일 없이 샛강을 통과하게 될 것이다. 두려워하며 걷거나, 전혀 두려움 없이 걷거나 샛강을 벗어나는 결과는 똑같다. 어둠 속에서 다가오는 두려움은 지극히 형해화(形骸化)된 것이니 휘둘릴 일이 아니다.

샛강의 어둠 속에는 나를 무섭게 할 그 어떤 것도 존재하지 않는다. 나를 공격할 사람이나 짐승도 전혀 없다. 더더구나 귀신은 있을 수가 없다. 사람을 만날 수는 있으나 그도 나처럼 트레킹이나 산책하는 경우일 뿐이다. 이 늦은 시간, 이 깊은 곳에서 내가 무언가에 위협당할 확률은 0.01%의 가능성이나 될까.

해드림출판사가 몹시 어렵던 때 나는 빚의 두려움이 컸다. 하지만 그 빚을 두려워하든 그저 담담하게 생각하든, 빚이 있다는 결과에는 아무런 변화가 없다. 또 그 빚의 존재가 당장 나를 어찌하거나, 어찌한다 해도 큰 사달이 나는 것도 아니다. 그런데 금방 나를 무너뜨리기라도 할 것처럼 무서워 벌벌 떨었었다. 그러느라 또 얼마나 기운이 빠지고, 아파하고, 지치고 하였던가. 살다보면 빚도 생기고 또 갚아서 벗어나기도 하는 것을….

선유도가 안개에 깊숙이 파묻혀 있다. 사방이 안개로 휩싸인 채 우듬지들만 보이는 섬이 어둠 속이어서 더 몽환적이다. 하지만 짙은 안개를 보니, 샛강으로 들어설 일이 다시 걱정이다.

서너 해 전, 예전 사무실이 있던 온수동 인근의 역곡천 산책을 나갔었다. 그 즈음이 나의 밤길이 시작되었던 때이다. 역곡천은 사방이 널따란 들판의 시골 같은 곳인데, 밤이면 자주 그곳을 걷곤 하였다. 그런데 하루는 역곡천 들머리가 온통 안개로 막혀 있는 것이다. 말 그대로 한치 앞이 안 보일만큼 짙은 안개가 떡 하니 버티고 있어서 엄청난 위압감이 느껴졌다. 나는 한 발짝도 나아가지 못한 채 제압당하여 서 있었다. 그 안개 속으로 들어가면 금세 빨려 들어가 어디론가 사라져버릴 것 같았다. 또 둑길을 걷다가 앞이 안 보여 천으로 떨어지면 큰 부상을 입을 수도 있다. 결국 짙은 안개 앞에서 나는 돌아서고 말았다.

하지만 지금은, 샛강이 그때와 같은 안개로 묻혀 있다 해도 기꺼이 들어가게 될 것이다.

심호흡을 하며 샛강으로 들어섰다.

묵주를 쥔 손에서 땀이 흘렀다.

샛강은 한강과 한강을 잇는 작은 강이다. 국회의사당에서 63빌딩으로 흐르는데, 여의도가 섬이게 하는 경계이다. 중학교를 졸업한 이후 서울 생활을 하였지만, 샛강을 직접 본 것은 이태 전이다. 여의도 성모병원에 들렀다가 바로 앞 샛강을 알고는 흠뻑 빠져버리고 말았다. 생태계를 잘 보전하고 주변을 가꾸어 모름지기 서울에서는 가장 아름다운 곳 가운데 하나이다. 밤길 묵주기도 트레킹을 하던 나를 샛강은 충분히 흥분시켰었다. 샛강이 흐르는 주변은 온통 밀림 같은 숲이어서 깊은 밤 홀로 걷기에는 상당한 용기가 필요하다. 낮에는 아름다운 경관에다 육안이 밝아 마음이 밖으로 흐르니 묵주기도의 묵상을 제대로 할 수 없다.

다행히 안개는 없었다. 샛강 초입 여의2교 아래 비좁은 의자에는, 예의 그 노숙자가 침낭으로 몸을 둘둘 만 채 잠들어 있다. 바로 옆 도로에서 아스팔트를 찢을 듯 차량이 질주하지만 잠들어 있는 그 위에는 육중한 다리보다 더 무겁게 정적이 흐른다.

점점 깊은 숲속으로 들어가듯 샛강을 따라 들어가자니

염려스럽게 빗방울이 굵어진다. 오늘밤 비는 는개와 보슬비와 가랑비가 순차로 내린다. 이전 길에서는 잠깐씩 내리다 말았으나 어쩐지 지금은 쉬 그칠 기세가 아니다.

어느 새 흙길에는 물이 고여, 고인 물을 피해 걸음을 떼느라 피로감이 몰려온다. 거기다가 빗방울이 두꺼운 겨울옷을 무겁게 적시기 시작하였다. 숲속 사위가 소란스러워 잠깐씩 소름이 돋았지만 애써 담담히 기도하며, 순종하듯 묵묵하게 비를 맞으며 걸었다.

새벽 세 시 반이 넘었음직하다.

아무도 없는 비 내리는 숲속 길, 이 시간 놀랍게도 나는 홀로 걷는다. 어떤 갈등에도, 어떤 두려움에도 의연하게 목적지를 향해 걸어갈 힘을 얻고자 나서는 밤길 트레킹. 지금 이 육적, 심적, 영적 수련을 통해 좀 더 온유하고, 좀 더 지혜롭고, 좀 더 담대한 자신이 되길 나는 원한다.

세상을 살만큼 살아온 이제야 무슨 영성 수련을 한들 내 삶의 여정에서 얼마나 소용이 있을까마는, 언제부턴가 내 안을 자꾸 들여다보니 살아온 날이나 살아갈 날이나 상관없이, 버리고, 씻어내고, 극복하고, 벗어나야 할 것이 너무 많았다. 더 나이가 들수록, 더 늙어갈수록 그동안 더께처럼 쌓이고 사로잡힌 것들을 씻기고 벗어나서, 이 세상을 떠날 때는 참 맑힌 영혼을 지닌 채 떠났으면 한다. 무엇보다 더 늙었을 때는 글 한 줄이라도 맑힌 영혼의 글을 쓰고 싶은 소망이 있다.

빗물이 두툼한 겨울옷을 스며들어 속옷조차 젖어온다. 등산화 속 양말도 젖어오고 외투에서는 빗방울이 뚝뚝 떨어진다. 피할 수도, 옆길로 샐 수도, 돌아갈 수도 없는 길, 오직 앞을 향해 선걸음으로 이곳을 벗어날 수밖에는 없는 상황이다.

숲속 여기저기서 부스럭거린다. 누군가 뒤에서 따라오니 조심하라는 속살거림이 들린다. 뒤집어쓴 모자 속에서 다급하게 따라오는 발걸음 소리들이 어지럽게 울린다. 하지만 초연히 걸으며 뒤돌아 봐서는 안 된다. 그것은 내 영이 굴복하는 것을 의미하기 때문이다. 지금 여기서 내가 겪는 두려움은 아무런 실체가 없는 것, 이 시간에도 몸을 뒤척이며 병마로, 회사 문제로 힘들어 할 지인들을 떠올린다.

샛강을 걷는 내내 쏟아지던 가랑비가 샛강을 벗어나니 거짓말처럼 는개로 변한다. 고통 속 그들을 생각하며 스스로 부여한 시간을 마친다. 곧 돌아올 샛강의 봄, 밤새 꿈틀댔을 이곳 생명의 기운도 그들에게 전해지기를 바란다.

마포대교가 있는 여의나루역에서 나는 택시를 타고 돌아오게 될 것이다.

새벽 네 시 반, 금세 빗밑이 가벼워지겠다.

다섯 시간 넘게 쥐었던 묵주를 모아 코에 대본다.

흠뻑 젖은 묵주에서 이향이 풍긴다.

IV. 빌라도의 손_임무성

임무성(루카)

- 2011년 격월간 『에세이스트』 신인상 등단
- 에세이스트작가회의 이사
- 에세이스트작가회의 서울지회장, 수석부회장
- 한국문인협회 회원

- (사)대한민국 동양서예협회 초대작가
- 소악수묵회 명예회장

- 경희대 법학과
- 한양대 경영대학원 최고경영자과정
- 경찰대학 간부후보과정 제21기
- 경찰청 경무관
- 서울 성동경찰서장, 분당, 철원, 거창경찰서장

- 수필집 : 『우리가 함께한 시간들』
  『우린 다시 만날 수 있을까』
- 12인 사화집 : 『우리 기도할까요』

- 수상 : 제9회 정경문학상

mslim2003@hanmail.net

1. 날로 날로 기쁜 친구

수십 년 동안 정기적으로 만나는 죽마고우 모임이 있다. 오랫동안 함께 지내온 친구들이라 잘날 것도 없고 못날 것도 없는 그런 친구들이다. 각자의 성격이나 취향까지도 뻔하게 안다. 술을 물 마시듯 하는 친구가 있는가 하면 밀밭에만 가도 얼굴이 붉어지는 친구도 있다.

오륙 년 전쯤이었지 싶다. 한동안 이런저런 일로 바빠 모임에 못 나갔다가 오랜만에 참석했다. 평소에 별말 없이 술을 홀짝홀짝 마시던 친구가 그날따라 소주를 연거푸 마시며 말도 많이 했다. 목소리도 포르테로 질러대서 옆에 앉은 탓에 귀가 먹먹할 정도였다. 왜 소리를 지르느냐고 핀잔을 주었더니, 옆에 앉은 친구가 내 옆구리를 쿡 찌르면서, 그 친구 요즘 청각에 문제가 있다는 것이었다. 본인이 잘 안 들리니 남도 안 들리는 줄 알고 볼륨이 높아진다고 하는 얘기를 들은 적이 있어 이해가 되긴 했다. 본인도 그걸 안다면 말을 줄이면 될 텐데 그렇지 않으니 그게 문제다. 우리 나이에 만나면 대개 주제가 요즘 말로 '라떼는 말이야' 식이라 그게 그건데 무슨 귀에 쏙 들어오는 뉴스가 있다고.

그런데 그 친구가 그날 술을 한잔 거나하게 마신 후 새로운 주제로 몇 번이나 "나는 요즘 말이야 날로 날로 기쁘다."라고 소리를 질러댔다. 기쁘면, 혼자 기뻐할 일이지 뭐 그리 온 동네에다 대고 떠드는지 이해할 수 없었다. 궁금하기도 해서 "뭐가 그렇게 기쁜 일이 있느냐?"고 삐딱하게 물었더니 그가 정색하며 말했다.

자기는 지금까지 종교를 모르고 살았는데 우연한 계기에 천주교 성당을 나가기 시작했다는 것이었다. 늦은 나이에 세례를 받고 성당 단체에 가입해, 서기로도 활동한다고 했다. 천지의 창조주 하느님을 영접하고 기도로 생활하며 주님의 은총 속에 살고 있는데 어찌 기쁘지 않을 수 있겠느냐며 소주를 또 한잔 들이켰다. 그러면서 나를 콕 찍어서 자네도 천주교 신자이니 날마다 기쁠 것이라며, 그렇지 않냐고 동의를 구했다. 여러 친구도 있는데 아니라고 할 수도 없어 나는 어정쩡하게 그렇긴 하지만, 이라고 대답하면서 면박을 주었다.

"날로 날로 기쁜 건 좋은데, 그런 말을 하려면 맨 정신에 조곤조곤하게 해야지 술에 취해 빽빽 소리를 지르면 누가 그 말을 곧이듣겠나? 그리고 천주교에서는 음주를 허용한다고 하지만 그렇게 처신하면 천주교 신자를 주태백이라고 비난하지 않겠느냐. 그러니 술을 자제하게나."

청각 기능이 좋지 않아 내 말을 알아들었는지는 모르겠으나 계속 '날로 날로'를 떠들어 대는 것으로 보아 마이동풍이라는 사자성어가 이럴 때 쓰라고 만든 용어인가, 라는 생각이 들기도 했다. 하긴 누군들 날로 날로 기쁜 일이 하나쯤이야 없을까만, 사실 나도 날마다 기쁜 일이 없는 것은 아니다.

나는 야구를 좋아한다. 요즘 야구장 입장권은 구하기가 어려워 티브이로 경기를 본다. 얼마 전에는 내가 응원하는 꼴찌 '한화'팀이 12회 연속 승리를 해 그야말로 날로날로 기쁜 날을 보냈다. 누가 나에게 물었다.

"한화하고는 별 연고가 없는 것 같은데 어떻게 한화 이글스를 응원하나요?"

내 버킷리스트 중의 하나는 미국 메이저리그 경기를 현

지에서 직접 보는 것이다. 그건 사실상 어려운 일이고, MLB에서 날리던 류현진 선수를 우리나라 야구장에서 볼 수 있으니, 어찌 응원을 안 할 수 있겠는가. 텍사스팀에서 뛰던 추신수 선수가 우리나라 'SSG'팀에 입단했을 때 나는 그 팀을 응원했다. 안타를 치고 바람같이 나르는 그를 볼 때면 나는 벌떡 일어나 박수를 치곤 했다.

내가 야구를 좋아하게 된 계기는 어제오늘 일이 아니다. 옛날 프로야구가 없던 시절 최고인기는 고교야구였다. 실업 야구가 있었지만, 고교야구 인기를 따라가지 못했다. 고교야구는 성동 원두에 자리 잡은 서울운동장(동대문운동장으로 명칭이 바뀌었다가 현재는 동대문역사문화공원)에서 열렸다. 내 재학 중에 우리 성동고등학교 야구부는 연속 우승해 최고의 권위를 자랑하는 청룡기와 황금사자기를 획득했다. 학교 간의 응원전이 치열해 경기가 열리는 날에는 학생들이 총동원했다. 특히 교내 브라스 밴드부는 이때 한몫을 했다. 나도 밴드부원으로 야구 경기가 있는 날은 공부고 뭐고 제쳐두고 유행가까지 연습해 서울운동장에서 나팔을 불어 재꼈다. 8강 4강으로 올라가 승리하면 학교가 가까운 우리는 차도로 행진 나팔을 불며 귀교했다. 시민들도 격려의 박수를 보내주었으니, 그 시절만 해도 요즘처럼 각박한 사회가 아니었다. 어쨌든 요즘은 야구 보는 재미로 날로 날로 기쁘다.

그건 그렇다 치고 친구의 기쁨과 나의 기쁨을 어찌 비교할 수 있을까. 하느님을 믿음으로써 날로 날로 기쁘다는 것은 일생일대의 큰 사건이다. 기쁘기까지 그의 신앙생활이 어떠했으리라는 것을 나는 짐작한다. 하느님을 찬미하고 계명에 순종하며 신자의 의무를 다하고 늘 자신을 성찰한다는 것은 보통 어려운 일이 아니다. 그런 가운데 성령이 비둘기처럼 내려와 임하지 않고는 날로 날로 기쁠 수 없는 일이다.

사실 나는 세례를 받은 지 십수 년이 넘었지만 믿음에 대한 확신도 약하고 일상의 신앙생활도 시원치 않다. 신앙은 단계적으로 성장한다고 한다. 첫째 자기중심적인 차원(마음의 평화), 둘째 타인 중심적인 차원(배려와 평등), 셋째 하느님 중심적인 차원(하느님의 사랑과 자비의 실천)으로 성장한다는데 나는 늘 첫째 단계에 머물러 있는 것 같다. 술에 물 탄 듯, 물에 술 탄 듯하다고나 할까. 그러니 친구의 기쁨을 가슴으로 느끼는 기쁨이라 한다면, 나의 기쁨은 눈으로 보는 말초적 기쁨이라 하겠다.

요즘도 그 친구는 모임 날에 까딱하지 않고 소주 한 병을 해치우며, 예의 그 날로 날로를 외쳐댄다. 용한 것은 소주를 그렇게 마시고도 어디 아프단 소리를 들어본 적이 없다. 우리 친구들은 나이가 들어감에 따라 이젠 열 명 정도 모이면 두세 명만 술을 마실 수 있고 왕년의 주태백이든 누구든 한잔도 못 마시는 경우가 비일비재하다. 그 친구는 진정 건강의 복을 받은 것 같다.

이제 나는 그를 만나도 핀잔을 주지 않는다. 오히려 그 친구를 보며 나의 신앙생활을 되짚어 본다. 나는 누구에게 "주님을 영접해 날로 날로 기쁘다."라고 말해본 적이 있었던가.

2. 하느님의 핸드폰

성당에 미사를 드리러 가면 늘 조마조마한 게 있다. 핸드폰 소리 때문이다. 사회자가 미사 시작 전에 경건한 미사 집전을 위해 핸드폰의 전원을 꺼달라고 당부하지만, 미사 중에 가끔 벨 소리가 울리는 통에 서로가 놀란다. 우리 성당 주임 신부님은 미사 도중 핸드폰 소리가 나면 아예 미사를 멈추고 얼마간 그대로 서 계신다. 그리곤 꼭 한마디 하고 넘어가기 때문에 분위기가 싸늘해진다.

많은 신자 중에는 연로한 분도 있고 주의력이 다소 산만한 장애인도 있는 점을 생각해 그냥 넘어갔으면 하는 마음도 들긴 하지만, 대쪽 신부님에겐 그런 아량은 애당초 없는 듯하다. 신자들은 또 어떤가? 소리 나는 쪽에 일제히 고개를 돌리고 비난의 눈총을 쏘아댄다. 나도 쏘아댄다. 도대체 그렇게 강조하는데도 소리가 나다니.

나는 미사 전에 항상 핸드폰 전원을 꺼놓았는데, 새 기종으로 바꾼 후에는 핸드폰 전원이 잘 꺼지지를 않아 미사 직전에 무음으로 입력을 시켜놓는다. 진동으로 해놓아도 기도할 때는 진동 소리가 들리기 때문에 아예 무음으로 설정해 놓는다.

6월 교중미사 시간에 예비 신자 입교식이 있는 날이었다. 그날따라 신자가 많았는데 미사 중에 갑자기 내 근처에서 핸드폰 벨이 울렸다. 내 옆자리에 앉아 있는 어느 자매님이 놀라서 후다닥 가방을 열었다. 여러 사람 눈길이 쏠렸다. 나도 곱지 않은 눈초리로 그 자매님을 바라봤다. 그런데 그의 핸드폰은 조용했다. 혹시나 하는 마음으로 내 바지 주머니에 있는 핸드폰을 꺼냈더니 이놈이 울리는 게 아닌가. 귀신이 곡할 노릇이지 분명히 무음으로 해놓고 확인을 하고 또 확인했는데 어째서 벨 소리가 나는 걸까. 나는 얼른 소리를 껐지만 이미 잔뜩 눈총을 맞은 뒤였다. 다행히 입교식을 한다고 주위가 다소 어수선해서 신부님이 못 들었기 망정이지 보통 때 같았으면 또 공포 분위기가 되었을 일이었다.

곰곰이 생각해보니 지난주 점심때쯤 핸드폰 알람을 설정해 놓은 게 문제였다. 잠시 낮잠을 자고 외출하려고 알람을 맞춰 놓았는데 일요일 미사 시간에 알람이 울리리라는 걸 누가 짐작이나 했겠는가. 그 일이 있고 나서야 나는 알람은 진동이나 무음으로 설정해 놓아도 사정없이 울린다는 것을 알았다.

어느 성당에서 있었던 일이라고 한다. 그 성당 신부님도 우리 신부님처럼 핸드폰 소리에 무척 민감했던 것 같다. 어느 날 미사 중에 핸드폰 소리가 나는데 공교롭게도 미사를 집전하고 있는 신부님 바지 주머니에서 울린 것이다. 신자들은 신부님이 어떻게 하는지를 회심의 미소를 지으며 지켜보고 있었다. 그때 신부님은 천천히 주머니에서 핸드폰을 꺼내어 전화에다 대고, "하느님이세요? 네, 저 00 신부 입니다. 지금 미사 중이라 미사 끝나고 전화 드리겠습니다."

누가 지어낸 말인지 모르겠으나 어쨌든 신부님의 재치가 압권이다. 실수란 부주의로 잘못을 저지르는 것이라고 하지만 주의해도 일어날 수 있는 것이 인간사다. 나도 내 핸드폰이 미사 시간에 울리리라고는 상상도 못 했다. 만약 그때 신부님이 알고 심하게 질책했더라면 나는 그 후 어떤 반응을 보였을지 나 자신도 모르겠다. 물론 미사 시간에 벨 소리가 울려서는 안 된다는 것을 누구나 알고 필요한 조치를 철저히 할 것이다. 숨소리도 크게 내지 않는 성스러운 시간에 부주의가 용납되지 않는 것은 너무나도 당연한 일이다. 하지만, 전화를 받은 신부님이나 나처럼 전혀 예측할 수 없었던 일이 일어나는 것을 어떻게 하랴. 하느님과 통화했다는 신부님도 그 이후로는 좀 눈을 감아주지 않았을까. 그러고 보니 눈을 감은 일화가 떠오른다.

어느 학교 교실의 도난사건 이야기를 읽은 적이 있다. 한 학생이 같은 반 학생의 손목시계가 탐이 나 훔쳤다. 교실에서 난리가 났다. 선생님이 학생들을 일으켜 둥그렇게 세워 서로 어깨에 팔을 얹게 하고 눈을 감으라고 했다. 드디어 선생님은 한 학생의 주머니에서 시계를 찾아냈다. 시계를 찾았음에도 멈추지 않고 계속 전체 학생의 주머니를 뒤졌다. 학생들을 자리에 앉게 한 후 시계를 잃어버린 학생에게 찾은 시계를 돌려주고 선생님은 학생들에게 누구 짓이라고 말하지 않았다. 세월이 흘러 시계를 훔친 학생은 선생님이 되었다. 그 학생이 옛 스승을 찾아뵙고 그때 왜 아무 말도 안 하시고 처벌도 안 하셨느냐고 물었더니 그 스승은 이렇게 말했다.

“내가 주머니를 뒤질 때 나도 눈을 감고 뒤졌기 때문에 누가 시계를 훔쳤는지 지금도 모르고 있다네.”

나는 오늘도 교중미사에 참석한다. 미사 중에 누군가의 핸드폰에서 벨이 울릴까봐 걱정한다. 당연히 모두 조심해야겠지만 혹여 벨이 울리더라도 못 들은 척하며 슬쩍 눈을 감아주는 아량을 베풀어 주시기를 기대해 본다.

우리 대쪽 신부님도 하느님의 전화를 한 번쯤 받았으면 좋으련만….

3. 백 원의 행복

일요일에 성당에서 미사를 드리고 오는 길이었다. 점심을 샌드위치로 때우려고 동네 제과점엘 갔다. 작은 제과점이지만 이것저것 잘 갖춰져 있는 가게라 가끔 찾는 편이다. 샌드위치를 골라서 식판에 얹어 계산대로 갔다. 계산대 앞에는 한 아주머니와 초등학생으로 보이는 소녀가 함께 서 있었다. 그 아주머니는 식빵 뭉치와 몇 개의 빵을 계산대 위에 올려놓고 신용카드로 결제했다. 그런데 빵을 담을 봉짓값을 계산에 넣지 않은 것 같았다. 빵을 사면 당연히 봉지를 주는 줄 알았던 모양이다. 봉짓값 백 원은 카드로 결제가 안 되는지, 주머니를 여기저기 뒤지며 난감해하고 있었다.

나는 두툼한 점퍼를 입고 있었다. 주머니를 더듬었더니 동전 몇 개가 잡히길래 슬쩍 한 개를 내밀며 “마침 백 원짜리가 한 개 있는데 드릴까요?”라고 했다. 그녀는 무슨 큰 곤경에서 구제라도 받는 양, 큰 소리로 고맙다고 인사를 하며 봉지에 빵을 담았다. 그 아주머니의 인사는 그렇다 치고, 나는 그 옆에 있는 아이가 “감사합니다.”를 연발하며 기뻐하는 모습을 보고, 내가 더 감사한 마음이 들었다. 뭐 그렇게 몇 번이나 감사할 일인가. 그 소녀의 얼굴을 가만히 보니 눈이 약간 돌출된 불편한 아이였다. 그 아이의 기뻐하는 모습이 그렇게 행복해 보일 수가 없었다. 천진난만, 그대로였다. 아주머니는 소녀의 손을 꼭 잡고 제과점을 나가면서 명랑한 목소리로 나에게 말했다.

“정말 감사합니다. 다음에 꼭 갚을 테니 언제든지 요 앞 건물에 있는 교회로 오세요. 차도 한잔 대접하겠습니다.”

역시 소녀도 환한 얼굴로 꾸벅 인사를 했다. 나도 웃으며 머리를 끄덕이는 순간 갑자기 이런 생각이 들었다. 저 아주머니가 저 아이의 엄마일까? 아니면 교회에서 특별히 돌보는 아이일까? 두 사람의 모습은 누가 봐도 모녀 같은데, 나는 왜 그런 생각을 하는지 모를 일이었다. 어쨌든 백 원짜리 동전 하나로 두 사람이 행복해하고 더불어 나까지 행복한 날이었다.

사실 나는 동전 한 개를 내밀까 말까를 망설였다. 재작년에 있었던 일 때문이었다. 코로나19가 어느 정도 사그라진 크리스마스에 명동 일대는 식당에 들어갈 수 없을 정도로 인파가 북적였다. 그 화려한 거리를 벗어나 전철역으로 가는 길에 꾀죄죄한 늙은 걸인이 한 푼만 적선하라고 소리치며 손을 내밀었다. 모두 들떠있는 축제의 날에 동냥하는 걸인에 측은지심이 들어 주머니에서 동전이 잡히는 대로 다 주었다, 대여섯 개도 넘었지 싶다. 문제는 그다음에 발생했다. 그가 동전을 받자마자 땅바닥에 홱 내동댕이치면서, 이걸 돈이라고 주느냐며 화를 냈다. 참 황당했다. 그렇다고 그와 뭐라고 다툴 수도 없고, 팽개친 동전을 놔두고 갈 수도 없어, 남 보기 민망하지만 여기저기 나뒹구는 동전을 주섬주섬 주워서 그 자리를 벗어났다. 혼자 중얼거렸다.

"참 세상에 별 빌어먹을× 다 보겠구먼"

그 후로 나는 되도록 길거리에서 불쌍한 사람을 봐도 모른척했다. 하긴 적선을 한다 해도 동전이었지, 통 크게 지폐를 턱 꺼내 준 기억은 없다.

지난겨울 설 명절을 앞둔 날이었다. 전철 안에서 한 노인이 바지를 걷어 올리고 천천히 걸으며 구걸하는데, 종아리가 완전히 나무토막이었다. 굵은 통나무에 곰팡이가 피어 있는 것 같아 깜짝 놀랐다. 아, 저 병이 도대체 무슨 병일까? 요즘은 전철에서 구걸하는 사람이 별로 없다. 단속도 많이 하지만, 승객들도 전철에서 적선하는 것을 미덕으로 여기지 않는다. 잡상인도 마찬가지다. 주지도 말고 사지도 않는 것이 모두를 위해 승객이 지켜야 할 도리이기도 하다.

허나, 그의 다리를 보는 순간 나도 모르게 두 손을 모았다. "주여, 저 병자에게 자비를 베푸소서." 왠지 그에게 미안한 마음이 들기도 했다. 내 깐에는 큰맘 먹고 지갑에서 천 원짜리 지폐 한 장을 꺼내 주었다. 노약자석 내 옆에 앉은 곱상하게 늙은 할머니도 같은 생각이었는지 천 원짜리 지폐를 석 장이나 꺼내 주었다. 내 손이 부끄러워할 만도 하다 마는, 부끄러움보다 그 할머니에게 고맙다는 인사를 하고 싶었다,

요즘 날씨가 몹시 춥다. 추위를 많이 타는 나는 오리털 파카에 달린 모자를 뒤집어쓰고 주머니에 손을 깊숙이 넣어 움츠리며 걷는다. 어쩌다 손끝에 동전이 닿으면 빵집의 그 소녀가 떠오른다. 그의 큰 눈도 떠올라 조금은 마음이 아리다. 소녀는 소녀보다 더 행복해했던 이 할아버지

의 마음을 상상이나 했을까. 그 소녀가 아주 건강하고 예쁘게 자랐으면 좋겠다.

4. 한가위 명절 단상

더도 말고 덜도 말고 한가위만 같아라. 추석 명절, 어릴 적에는 무엇보다 먹을 게 많아서 좋았고 지금은 자손들이 한자리에 모여서 좋다. 추석날 아침에 우리 오 형제 대가족은 모두 큰형님 댁에 모여 차례를 지낸다. 평소에 만나지 못했던 조카들과 손주들이 모여 왁자지껄하면 정신은 없지만, 저절로 미소가 지어진다. 몇 달 못 본 사이에 비 온 뒤 죽순 크듯이 쑥쑥 자란 손주들이 기특하고, 조상님께 올리는 차례상을 준비하는 자부들 모습도 보기 좋다. 제물이 다 차려지면 차례상 앞에 삼 대가 엎드려 절하며 조상님의 음덕에 감사하고 후손들의 안녕을 기원한다.

명절 차례상 준비는 자부들의 몫이 되었다. 몇 년 전까지만 하더라도 아내와 제수씨들이 맡아서 하다가 지금은 젊은 자부들에게 물려줬다. 옛날보다 살기가 나아져 차례상 차리는데 드는 비용은 걱정 안 해도 되니 크게 불평할 일은 없다. 하지만 요즘 세태에 비추어 전혀 불평이 없는 것은 아닌 것 같다. 가만히 눈여겨 보면 어른이나 젊은이나 집안 여성들은 남자에 비해 차례와 제사에 다소 소극적이다. 우리 어머니 때에 비하면 요즘은 그야말로 요순시절인데도 말이다.

삼 대 독자의 집으로 시집온 어머니는 직계 제사만 일 년에 다섯 번을, 설과 추석까지 합하면 일곱 번이나 모셨다. 따라서 우리도 어렸을 때 고조부모, 증조부모, 조모님, 이렇게 다섯 분 제사를 지냈다. 당시 조부님은 생존해 계셨다. 어머니는 가끔 땟거리도 없는데 제사만 돌아온다며 불평하곤 했다. 제물을 살 형편이 안 되어 매와 국만 올려놓고 제사를 지낸 적도 있고, 그도 없으면 냉수만 올려놓은 적도 있었다. 그때의 어머니 표정은 참담했고 아버지는 묵묵부답이었다.

먹고 살기도 힘든데 매번 제사를 이렇게 윗대 조상까지 다 지내야 하는 걸까? 나는 그런 의문도 없지 않았으나 감히 어른들 앞에서 그 말을 입 밖에 꺼낼 수 없었다. 우리나라에서 통용되는 제사는 사대봉사(四代奉祀)다. 제사를 주관하는 사람으로부터 4대조(부모, 조부모, 증조부모, 고조부모)까지 지내고 5대조부터는 묘사를 지낸다.

제사의 연원은 고대로까지 올라가지만, 조선 후기 이후에는 중국 송나라 주자(朱子)의 성리학을 기반으로 했다. 당시 제사를 지내는 예법은 지금 생각하는 제사 절차보다 복잡하고 비용도 많이 들었다. 주자는 이를 고려해서 정3품 이상의 고위 관리직만 4대 조상의 제사를 지내고 일반 백성은 부모의 제사만 지내라고 했다. 그런데도 조선에서는 제사를 국가의 통치이념으로 삼아 4대 봉제사를 일반화했다. 국민이 제사를 안 지내는 것은 국가의 통치이념과 가정의 도덕을 무너뜨리는 행위였다.

1780년대 초, 조선에 천주교가 들어오자 조정으로부터 심한 박해를 받기 시작했다. 그 박해를 받은 원인 중의 하나는 제사 거부였다. 동아시아 조상 제사는 서구 선교사들의 중국 선교시부터 미신적 요소가 많다고 많은 신학적 논쟁이 있었다. 그 내용을 교황청에 보고했고 교황청에서는 제사는 우상 숭배적 요소가 많다고 판단하여 신자들에게 제사를 금했으며, 중국에 있는 주교는 조선의 신자들에게 제사를 금했다. 조선 조정에서는 신자들의 조상 제사 거부를 유교 질서에 반한다고 심각하게 보고 있었다. 그런 가운데 금산의 교우 윤지충과 권상연이 천주교 교리에 따라 부모의 제사를 폐하고 위패를 불살라버리자 유생들이 크게 분노했고 조정에서는 그들을 불효막심한 죄로 사형에 처했다. 나라에서는 천주교를 무부무군(無父無君)의 사교(邪教)로 단정하고 대대적으로 단속해서 많은 신자가 순교했다.

그 후 세월이 흘러 서양에서 동양의 문화를 연구하는 풍토가 조성되었다. 서양인들은 점차 민족문화의 전통을 중시하는 동양을 이해하게 되었다. 교황청에서도 동양의 제사 제도에 대해 다시 연구하기 시작했다. 결론은 동양 제사는 미신이 아닌 미풍양속으로 인정했다. 따라서 천주교와 제사는 아무런 신앙적인 충돌이 있을 수 없다고 규정하여, 교황 비오 12세는 1939년에 훈령을 통해 몇 가지 미신적 요소를 제외하고 제사를 허용했다. 이미 많은 신자가 순교한 뒤였다.

우리 집안은 대대로 제사의 전통을 나름대로 지켜오고 있다. 굳이 따지자면 유교적 전통이라 하겠으나 오랜 관습으로 풍속화 된 제례를 이어오고 있다. 그러나 옛날 단독주택 시대와 달리 도시 아파트에 살면서 사대봉사는 무리였다. 우리도 변하지 않으면 안 되었다. 부모님이 모두 별세하신 후에 오 형제가 모여 머리를 맞댄 결과 서울 큰댁에서 모시는 제사는 부모님 제사와 설, 추석 차례로 축소하기로 하고, 조부님 이상의 윗대 선조 제사는 매년 고향에서 올리는 가을 시제 때에 모시기로 했다.

요즘은 핵가족 시대가 되다 보니 친인척간에 왕래가 드물어 심지어 사촌 간에도 가뭄에 콩 나듯이 만나는 경우가 비일비재하다. 이러한 실정에 제사마저 지내지 않으면 더욱 멀어질 것은 뻔한 이치다. 어른들은 집안의 사촌, 육촌, 친인척들이 자주 소통하고 오손도손 함께할 수 있는 분위기를 조성해 줄 책무가 있다. 제사, 묘사, 벌초, 모임 등을 통해 자손들이 선조를 공경하고 일가를 사랑하는 숭선애족(崇先愛族)의 풍토를 조성하고 인성을 함양하는 것도 어른들의 몫이라 하겠다.

내가 늘그막에 종교에 입문하게 된 동기는 누구의 직접적인 선교에 의한 것이 아니다. 늙고 잦은 병치레에 따라 엄습하는 죽음의 공포에서 벗어나고 싶은 이기심에서였다. 그렇다고 제사를 지내지 않는 종교를 믿을 수는 없었다. 내 나름대로 천주교의 제사에 대한 교리를 확인해보았다. 내가 만난 천주교 신자도 제사는 우상을 섬기는 것이 아니라 조상을 섬기는 의식인데 안 지낼 이유가 있느냐는 대답이었다. 추석이나 설에 집에서 차례를 모시기 어려운 교우는 성당에서 준비한 차례상 앞에서 연미사를 봉헌하고 있다고도 했다.

어떤 종교는 조상을 우상처럼 생각하고, 심지어 설날에 부모님께 세배를 드리지도 않는다고 한다. 이런 극단적인 교리로 인해 파탄 난 가정을 나는 여럿 보았다. 왜 종교를 갖는지 근본적으로 생각해 볼 문제다. 나는 십계명에서 부모를 공경하라고 하신 계명은 조상을 공경하라는 뜻으로 이해한다.

차례를 모신 후에 아들네는 처갓집 가기에 바쁘고 반대로 저녁때엔 딸네 식구들이 들이닥친다. 딸네와 아들네가 명절 당일에 함께 만나기는 쉽지 않다. 그래서 가까운 휴일을 택해 양가 식구를 모두 모이도록 해 저녁 시간을 함께 보낸다. 나와 아내는 손주들에게 명절날의 좋은 추억거리를 만들어 주려고 애를 쓴다. 그런 후에야 명실공히 명절은 끝나게 되는 셈이다. 이렇게 명절 전통은 이어지고 또 이어지리라 믿는다.

올 한가위에는 연휴가 길어서인지 예년과 달리 티브이에서 종교영화를 많이 방영했다. 나는 그중에서 벤허, 부활, 왕중왕을 감상했다. 특히 '부활' 영화에서는 예수님이 웃으시는 모습을 여러 번 보여 주었다. 그렇게 온화하게 웃는 예수님의 모습을 보기는 처음이었다. 혹시 예수님도 내 옆에서 영화를 보시는 건 아닐까 하는 생각이 스쳐 슬쩍 옆을 보기도 했다.

5. 루카 성인의 발자취를 더듬으며

올봄에 수필 문우인 M 선생이 신앙수필집을 함께 내자고 제안했을 때, 나는 잠깐 망설이다가 바로 수락했다. 망설이던 짧은 순간에 세례명을 받던 당시의 결심이 번쩍 떠올랐기 때문이다. 나의 세례명은 루카이다. 내가 알고 있는 루카 성인에 관한 사항은 그가 루카복음과 사도행전을 쓴 복음사가라는 것과 의사이며 화가라는 것 정도였다. 물론 그가 문필가였을 것이라는 생각도 했다. 내가 늦깎이로 세례명을 받으면서 한 결심은 나도 졸필이나마 글을 쓰는 사람이니 신앙생활을 하면서 그분의 흉내라도 내보겠다는 생각이었다.

이번 공저집을 준비하면서 나는 다시 한번 루카 성인의

생애와 행적을 찾아 나섰다. 루카 성인에게 한 발 더 다가가고 싶었다. 그러다 무엇보다 감동적인 내용은 그가 친히 성모 마리아를 찾아뵙고 예수님의 탄생 전후를 파악하여 이에 상세한 저술을 했다는 내용이었다. 『가톨릭 성인전』에서는 루카 성인을 이렇게 소개하고 있다.

* 성 루카의 고향은 시리아의 교육도시인 안티오키아 시이다. 어려서부터 공부하기 좋아한 그는 그리스어도 능숙했으며 학문을 넓히기 위해 그리스나 이집트에 여행하기도 했다. 가톨릭이 전파되기 시작한 서기 40년경에 신자 단체에 가입해 열심히 참여했다. 그때 안티오키아 시에는 성 바오로와 성 바르나바 사도들이 전교를 하고 있었는데 그는 바오로 사도를 존경하고 따랐다. 바오로의 2차 전도여행에 수행했으며, 3차 전도여행 때도 찾아가 상봉한 후 갈라지지 않았다. 바오로가 가이사리아 감옥에 갇혔을 때나 로마에 호송되었을 때, 형장에 끌려나갈 때에도 항상 그 뒤를 따랐다.

그 당시 예수에 대한 그릇된 전설과 교회에 대한 낭설이 유포되고 있었다. 그때 루카는 바오로 사도의 권유도 있고 하여 주님의 올바른 모습을 전하는 저술에 착수, 친히 성모 마리아를 찾아뵙고 주님의 탄생 전후를 파악하여 상세한 저술을 했다. 그는 맨처음 성모상을 그린 화가이기도 하다. 또 본인이 의사이므로 병자에게 특별한 관심을 두어 주님께서 그들을 대하신 자비심과 그 기적들을 많이 수록했다.

루카는 초대 신자들로부터 대단한 존경을 받았다. 바오로 사도가 서기 67년에 로마에서 장렬히 순교한 후, 루카는 그리스로 가서 아카이아 지방에서 전교하고 다음은 소아시아 지방에 가서 주님을 위해 갖은 고초를 겪고 80고령으로 선종했다. 교회에서는 그를 순교자 반열에 넣고, 또 의사를 업으로 하는 이들은 그를 주보로 모시게 되었다.

(*발췌: 가톨릭 성인정, 김정진 편역 – 가톨릭 출판사)

고령에 선종했다고 하지만 순교했다는 주장도 있다. 마태오, 마르코, 루카, 요한복음 등 공관복음은 서기 70년부터 100년 사이에 씌어 졌다는데, 루카복음은 서기 80년부터 90년 사이라고 한다. 그들은 예수님의 역사적 사건을 직접 목격한 증인들은 아니다. 위 내용이 다른 기록들과 모두 일치하는 것도 아니다. 루카 성인이 성모님을 직접 뵙지는 않고 초상화를 그려 섬겼다는 주장도 있다. 그러나 가브리엘 천사가 처녀 마리아를 만나러 간 이야기, 동정녀 잉태의 신비, 아기 예수가 구유에서 태어나기 전후의 이야기, 열두 살 예수를 잃어버렸다가 성전에서 찾은 이야기 등은 마리아의 증언 없이는 알기 어렵다는 주장이 더 신빙성이 있는 것 같다.

나는 요즘 서울대교구 성서 사목부에서 주관하는 '성서 못자리' 강좌를 수강하고 있다. 강좌가 우리 본당에서 열리고 강사도 본당의 부주임 신부님이라 수강신청을 했다. 매년 전반기 15주, 하반기 15주씩 3년간 진행되는 강좌다. 1년 공부했는데 성경공부가 생각보다 훨씬 더 어렵다는 것과 공부할수록 보람을 느낀다는 것이다. 겨우내 얼어붙었던 논에 모를 심기 위해서는 봄에 물을 대고 써래질을 해야 하듯이 믿음도 마찬가지인 것 같다. 늦깎이 신자의 굳은 머리에 못자리를 만들겠다는 심정으로 긴 성서 공부의 여정을 시작한 것이다. 가다 보면 논의 모도 좀 자라고 루카 성인에게도 좀 더 가까이 다가갈 수 있지 않을까 기대해본다.

6. 빌라도의 손

오랜 세월, 전 세계 그리스도교인들로부터 비난받는 사람이 있다. 고대 로마제국의 유대 총독 '본시오 빌라도(Pontius Pilate)'다. 그를 개신교에서는 '본디오 빌라도'라 부른다. 로마 황제 티베리우스 시대인 서기 26년부터 36년까지 유다 지방을 통치한 인물이다. 예수님을 죽인 죄로 이천 년이 넘도록 하루도 거르지 않고 매일 비난을 받고 있다.

그리스도교인들은 미사나 예배를 드릴 때 사도신경을 바친다. 사도신경 앞머리에는 "본시오 빌라도에게 고난을 받으시고 십자가에 못 박혀 돌아가시고~"라는 구절이 꼭 들어간다. 빌라도의 예수 죽임을 상기하는 기도문이다.

600만 명을 학살한 히틀러나 수백만 명을 죽게 한 스탈린처럼 대량 학살을 하지 않았음에도 예수 한 사람을 죽인 죄로 그는 지구가 존재하는 한 영원히 비난받을 것이다.

요즘 나는 빌라도에 관한 글을 쓰기 위해 자료를 찾고 있다. 큰 서점에 가서 그에 관한 서적을 구하려 했으나 그런 책은 없었다. 가톨릭 전문서점에 가도 없었다. 서점 직원에게 특별히 부탁했는데도 검색해 보고 역시 없다고 했다. 내가 난감해하는 표정을 지었더니 그가 "본시오 빌라도가 그렇게 나쁜 사람은 아닌 걸로 알고 있어요. 군중에게 떠밀려서 그랬지."라고 말했다.

그 말을 들으니 옛날 어디에선가 본 일인극이 떠 올랐다. 빌라도에 관한 일인극(모노드라마)이다. 이십 년도 훨씬 지난 때라 연극을 본 장소, 제목도 불분명하고 배우도 간신히 기억할 정도다. 장소는 분당의 어느 교회 아니면 공기업의 강당 같은 곳이었고, 배우는 당시 유명했던 문오장 선생이 아니었던가 싶다. 일인극인데도 그의 강렬한 연기 덕분에 희미하게나마 기억이 남아있는 것 같다. 주제는 빌라도가 억울함을 토로하는 내용이었다.

"나는 죄가 없습니다. 당시 상황은 이랬습니다. 사람들이 한 나사렛 사람을 총독관저로 끌고 와서 그가 율법을 어기고 하느님의 아들을 자처했다며 처벌해 달라고 요구했습니다. 나는 그를 신문한 결과 그는 죄가 없다고 판단했습니다. 그래서 나는 세 번이나 그에게서 죄를 찾을 수 없다고 선언했습니다. 나는 그를 석방하려고 했습니다. 그러나 분노한 군중은 소리쳤습니다. 그들은 황제를 들먹이며 그자를 십자가에 못 박으시오, 라고 압박했습니다. 나는 황제의 신임을 잃을 수 없어 예수를 내주었을 뿐입니다. 나는 손에 피를 묻이지 않았습니다. 나는 이 사람의 피에 대하여 죄가 없습니다. 깨끗한 내 손을 보십시오. 그러니 나를 제발 사도신경에서 빼주십시오. 나는 이천 년이 넘도록 저주받고 있습니다. 이젠 제발 빼주십시오. 나는 억울합니다."

내 기억이 정확하지는 않지만, 이젠 사도신경에서 자신의 이름을 빼달라는 절규였다.

배우 문오장의 카랑카랑한 목소리에다 실감 나는 연기는 끝날 때까지 관객들이 긴장하기에 충분했다. 반공 드라마나 영화에서 북한군 악역을 너무나 실감나게 해서, 이를 본 북한 김정일이 가만두지 않겠다고 벼르더라는 말을 납북되었던 최은희 배우가 탈출해서 전했다는 일화가 있다. 최은희 씨가, 그 사람은 대본대로 연기하는 것뿐인데, 배우가 무슨 죄가 있느냐고 했더니, 그건 그렇다고 하더라나. 어쨌든 문오장 선생은 멋진 배우였는데 회갑도 지나지 않아 세상을 떠나서 안타깝다. 그는 나중에 목사가 되어 목회활동을 하기도 한 분이다.

천주교 성당에서는 매년 부활절마다 빌라도가 재판하는 대사를 연극 형식으로 전 과정을 낭독한다. 그중 몇 대목만 뽑아본다.

빌라도 : 나는 저 사람에게서 아무런 죄목도 찾지 못하겠소. 그런데 여러분에게는 내가 파스카 축제 때에 죄수 하나를 풀어주는 관습이 있소. 내가 유다인들의 임금을 풀어주기를 원하오?

유다인들 : 그 사람이 아니라 바라빠*를 풀어주시오.
(빌라도는 예수님을 풀어줄 방도를 찾았다. 그러나 유다인들은 외쳤다)

---

* 바라빠 : 강도

유다인들 : 그 사람을 풀어주면 총독께서는 황제의 친구가 아니오. 누구든지 자기가 임금이라고 자처하는 자는 황제에게 대항하는 것이오.

(빌라도는 예수님을 십자가에 못 박으라고 그들에게 넘겨주었다)

위 내용에서 빌라도는 예수를 처벌할 의사가 없었는데 유대 지도자들의 압박과 군중의 압력과 황제의 질책이 두려워서 할 수 없이 예수를 내준 것으로 되어있다.

그러나 일부 역사가의 평가는 다르다. 그는 성격이 잔인하고 가혹해서 반역자는 법적 판결이나 심사 없이 그대로 처형했다고 한다. 그는 예수의 무죄를 확정하고 풀어주려 하기보다는 예수를 로마제국의 통치를 위협하는 인물로 보아 처형하려는 것이 실제 역사에 가까울 것이라고 했다.

하지만 일부 사가들은 빌라도를 약간 동정하고 유대 지도자들을 더 비난하는 것 같다. 심지어 에티오피아 정교회는 빌라도와 그의 아내를 순교자이자 성인으로 공경한다고 한다. 신학적으로 하느님의 섭리 속에 예수의 십자가 사건이 이루어졌다고 해석하는 것 같다. 어쨌든 빌라도는 소신을 저버렸다. 법과 진실보다는 자신의 유불리를 계산해 판단함으로써 영원히 씻지 못할 오명을 남긴 것이다.

통치자나 권력자는 물론, 판관들도 타산지석으로 삼아야 할 역사의 교훈이 아닐까.

7. 선교하지 않는 선교

고등학생 때 마음속 깊이 존경한 선생님이 계셨다. 영어 과목을 맡은 그 선생님은 마음 씀씀이가 꼭 부처님 같은 분이었다. 나만의 생각이 아니라 학생들이 그렇게 불렀다. 그때 말썽꾸러기들은 쌕쌔기 훈육 선생님에게 걸리면 얄짤없이 근신이나 정학처분을 받았는데, 영어 선생님에게 걸리면 정학을 맞고 남을만한 사건도 따끔한 훈계 정도로 끝나곤 했다.

쌕쌔기 선생님은 우리 모교의 전설 같은 분으로, 그 별명이 붙은 것은 한국전쟁 때문이었다. 대한민국 이승만 초대 대통령 부인 프란체스카 여사는 오스트리아 사람이지만, 우리 국민은 오스트레일리아(호주)와 혼동하여 엉

뚱하게 '호주댁'이라고 불렀다.

6·25 전쟁 때 전투기를 보고 우리는 영부인의 나라에서 지원하러 왔다고 호주기(호죽기)라고 불렀던 에피소드가 있다. 어쨌든 이 전투기가 어찌나 화력이 좋고 빠른지 한번 뜨면 적군이 벌벌 떨 정도였다. 전투기가 날 때 제트음이 쌕쌕 들린다고 해서 쌕쌔기라고 불렀다. 마찬가지로 쌕쌔기 선생님이 뜨기만 하면 학생들이 벌벌 떨었다.

그러니 영어 선생님이 더욱 부처님으로 존경받을 수밖에 없었다. 어느 날 선생님이 손님을 배웅하는 장면을 목격한 적이 있었다. 학교 현관에서 손님을 배웅한 후에도 손님이 교문 밖으로 벗어날 때까지 현관에서 꼼짝도 하지 않고 서서 바라보다가 교무실로 들어가셨다. 현관과 교문까지는 짧은 거리가 아니었다. 나는 그 모습이 무척이나 인상적이었다. 얼마 후에 선생님이 어느 교회 장로라는 소문이 돌았다. 선생님이 부처님 같다고 하던 학생들은 이제는 선생님이 예수님 같다고 말하기 시작했다.

고등학교 졸업 후 대학에 진학했다. 지식에 대한 욕구와 호기심이 발동하던 시기라 종교에도 관심이 컸다. 세계 문명과 전쟁과 역사가 종교와 연관되어 있기에 특히 기독교에 대해 관심이 쏠렸다.

그때 영어 선생님이 떠올랐다. 선생님이 장로로 계신다는 교회는 우리 집에서 거리가 멀긴 하지만 걸어서 갈 수 있는 거리에 있었다. 그 교회에 한번 가보기로 했다. 초등학교 다닐 때 크리스마스 임박해서 이웃 동네 친구 할아버지가 장로로 계시는 초가집교회에서 두세 번 다녔던 이후 처음 가는 교회였다.

일요일 예배시간에 맞춰 한글과 영문판으로 된 작은 신약성서를 들고 무턱대고 교회를 찾아가서 뒤쪽 신자들 틈에 끼어 앉았다. 거기까지는 좋았는데 예배시간이 문제였다. 목사님이 기도를 하는데 무슨 말을 하는지 도통 알아들을 수가 없었다, 신자들도 무슨 말을 하면서 기도를 하는데 역시 우리말이 아니었다. 이상하다 싶었다. 선생님이 다니는 교회라 이상한 교회는 아닐 거라는 생각이 들면서도 이상한 건 어쩔 수 없었다. 예배가 끝나고 누가 잠시 보자고 해서 어느 방으로 들어갔다. 대화를 나누다가 내가 물었다.

"목사님이 기도를 이상한 말로 해서 나는 한마디도 알아들을 수 없었습니다. 신자들은 저 말을 다 알아듣나요?"

그분이 어떤 직책을 가진 분인지는 모르지만 황당한 소리만 했다. '방언'이 어떻고 하면서 믿음을 가지면 자연스럽게 방언을 하게 되고 알아들을 수 있다고 했다. 도저히 수긍이 가지 않는 내용이었다. 고등학교 선생님은 그날 보이지 않았고, 나는 그에게 선생님 얘기는 입 밖에 꺼내지 않았다. 나는 아직도 그 교회가 어떤 종파에 속하고 어떤 성격의 교회인지 모르고 있다. 다만 선생님을 보아 내가 무언가 잘못 알고 있는 게 아닌가 하는 생각을 하면서 몇 번 더 가볼 걸 하는 후회도 했다.

그 당시 우리 주변에는 생소한 교회들이 많았다. 초등학교 시절에 우리 동네에는 A 교회에 다니는 집이 몇 집 있었는데, 그 집 아이들은 토요일마다 학교를 결석해서 의아해했다. 그때 토요일은 반공일이라 오전 수업을 했다. B 장로교라는 교회가 번성해서 거기서 생산하는 값싼 캐러멜을 먹으며 '감람나무 향기 속에 귀엽게 자라세'라는 노래도 불렀다. 웬만한 어린이들은 다들 동요처럼 불렀으니 그 교파의 선교 노래로서는 성공했다고 봐도 될 터였다. 그 교회에 대한 온갖 부정적인 소문이 나돌았다. Y 교파는 설날에 부모님께 세배를 안 드리는가 하면, 모든 행사에서 국기 배례를 거부하고, 군대를 기피 하는 대신 법적 처벌을 선택한다는 소문도 퍼졌다. 어쨌든 종교가 긍정보다는 부정적인 소문들이 많이 들렸다.

사회인이 되어 직장생활을 할 때는 정신없이 바빠 종교에 대해서는 생각할 겨를이 없었다. 세월이 흘러 환갑, 진갑 다 지나 일손을 놓은 후에야 다시 종교에 관심을 갖기 시작했다. 어디를 가는 게 좋을까. 오랫동안 이모저모 깊이 생각한 끝에 천주교에 입교하기로 마음먹고 동네 성당의 사무실을 찾아갔다. 신앙을 가져야겠다는 가장 큰 목적은 미래에 닥쳐올 죽음의 공포로부터 해방되고 싶다는 이기심에서 결심한 것이었다. 주님을 찬양하고 구원받고 하는 문제는 나중 문제였다.

성당 사무실을 방문해 찾아온 목적을 말한 후, 언제 예비 신자 모집과 교리공부가 시작되는지를 물었다. 사무실 책임자인듯한 그는 퉁명스럽게 모른다고 하면서, 가끔 와서 확인해 보라며 남의 일 말하듯이 했다. 더 이상 뭘 물어볼 수 없었다. 천주교 신자가 되려면 일정 기간 교리를 공부해서 통과되어야 하느니, 문턱이 개신교 교회보다 높다느니 하는 얘기를 들은 터라, 이를 실감하는 순간이었다. 나이 많다고 퉁명스럽게 대하는가 하는 자격지심도 들었다. 그로부터 얼마 지나지 않아 성당 정문 위에 예비 신자를 모집한다는 플래카드가 걸렸다. 참 이해가 안 되었다. 사무실 책임자라는 분이 얼마 후의 일정을 모르다니. 어쨌든 나는 교리 시작 날에 등록한 후, 8개월 동안 공부를 마치고 신부님 문답에 통과되어 세례를 받았다.

세례를 받은 후 선교의 해를 맞았다. 본당에서는 전 신자에게 '오늘은 꼭 찾아가리라'라는 선교의 노래 악보를 나눠주었다. 신부님은 많은 주민이 성당을 찾을 수 있도록 선교를 하자며 신자들과 함께 노래를 힘차게 불렀다.

> 내 오늘은 꼭 찾아가리라, 이 기쁜 생명의 말씀을
> 아직 모르고서 사는 그에게, 가서 힘차게 말해 주리라
> 우리의 기쁨은 주님께 있다고 우리의 기쁨은 주님께 있다고
> 성령이여 나의 친구 인도하소서 주님, 사랑, 그 안에 머물게 하소서

선교란 그리스도의 복음을 전하고, 사랑과 희망, 구원의 메시지를 나누는 교회의 중요한 임무이다. 본당 신부님은 영명축일을 맞아 신자들에게 큰 선물 주는 셈 치고 예비 신자를 모셔오라는 당부를 하기도 했다.

나도 세례를 받은 지 십 년이 넘었다. 예비 신자를 인도해야겠다는 마음이 들긴 하지만 아직 신앙심이 부족해서인지 여의치 않다. 나 스스로 주님의 사랑을 깊이 느껴 기쁘고 행복해져서, 신앙의 향기가 몸에 밴다면 그 향기로

인해 자연스럽게 선교가 되겠지만 아직은 미흡한 것 같다. 예비 신자 선교가 아니더라도 이런저런 이유로 발길을 끊은 이웃이라도 다시 발길을 돌리도록 노력하고 있다.

내 친구 C는 신부님이 강론 도중에 좌파적 발언을 자주 하는데 반발해 냉담 중이라고 했다. 어느 날 미사 시간에 좌파 발언 수위가 높아져, 참다 참다가 참을 수 없어 강론하고 있는 도중에 벌떡 일어나 가운데 통로로 저벅저벅 걸어 나왔다고 한다. 어떤 친구는 교우들 간의 문제로, 또 어떤 친구는 이유 같지 않은 이유로 냉담 중이라고 한다.

장미는 벌 나비를 부르지 않는다. 몸에는 가시를 달고 있어도 벌과 나비는 향기를 맡고 찾아온다고 하지 않던가. 우리 본당에는 향기를 내뿜는 교우들이 많다. 끊임없이 예비 신자들이 들어오는 것은 물론 주님의 뜻이지만, 그들의 향기 때문이라고 믿는다. 나도 향기 짙은 교우를 가까이하다 보면 내게도 조금은 향내가 나지 않을까 기대해 본다.

8. 천사들의 집

올 초여름, 성당 미사가 끝나갈 무렵에 외부 수녀단체에서 오신 연세 지긋한 수녀님이 마이크를 잡고 신자들에게 인사를 하며 말했다.

"수녀 00단체에서 여러분에게 동냥하러 왔습니다."

수녀님들이 종교를 구분하지 않고 가난하고 소외된 어르신들을 임종의 순간까지 섬기는 무료 양로원을 운영하는데, 부족한 운영비 충당을 위해 우리 성당 신자들에게 도움을 요청하는 내용이었다. 고정된 수입 없이 하느님의 섭리에 온전히 신뢰하며 모금에 의지한다고 했다. 그렇다면 떳떳하게 도움을 요청할 일이지 하필 동냥이라고 말하는지 듣는 내가 거북했다. 왜 동냥이라는 용어를 쓸까. 우리가 함께 해야할 일을 그분들이 대신 하는데.

내 친누님인 율리아 누님이 고령에 건강이 좋지 않아 집에서 요양하지 못할 경우를 대비해, 나에게 천주교에서 운영하는 요양시설을 알아봐 달라기에 여기저기 수소문을 해봤으나 갈만한 시설이 없었다. 수녀님들이 직접 운영한다는 그 시설도 여건상 수용인원이 많지 않다고 했다. 여러 종교단체에서 더 많은 복지시설을 운영할 수는 없는 걸까. 어려운 가운데에도 하느님의 사랑을 실천하는 것이 바로 하느님의 뜻이 땅에서도 이루어지는 것이 아닐까, 하는 생각이 들었다.

오래전에 공직생활을 할 때 동료들 십여 명과 함께 장애인들을 돌보는 시설에 가서 일일 봉사를 한 적이 있다. 경기도 북부에 있는 큰 규모의 시설이라 장애인도 많고 이들을 전적으로 돌보는 보모들도 여러분 있었다. 아마 운영 주체가 어느 교회가 아니었나 싶다. 장애인은 여러 유형의 장애인이 있지만, 이곳에서는 중복장애인만을 수용하는 시설이었다. 우리나라 법령에는 장애인을 지체장애, 뇌병변장애, 시각장애 등 15종으로 구분한다. 두 가지 이상의 장애가 동시에 있는 경우를 중복장애라 한다.

우리가 봉사한 그곳은 삼중 장애인 시설이었다. 지체부

자유에다 언어장애가 있고 시각장애로 온몸이 불편한 젊은 사람들이었다. 우리는 장애인 한 명씩을 맡아 식사 때 밥을 먹여주고, 목욕을 시켜주고, 밖에 나가 운동을 시켜주는 일을 맡았다. 밥을 먹여줄 때였다. 손이 불편해 수저를 잡을 수 없고, 눈이 안 보여 반찬을 집어 먹을 수 없으며, 말이 통하지 않아 답답하기도 하지만, 그들을 보고 있는 안타까움이란 이루 표현할 수 없을 정도였다.

식사, 목욕 후 마지막 임무는 앞마당으로 나와 운동을 시키는 시간으로 함께 팔짱을 끼고 천천히 걷는 일이었다. 걸으면서 알아들을 수 없는 말을 하면 곰곰이 해석해 대충 눈치로 의사소통을 했다. 내가 해줄 수 있는 말은 하느님께 간절히 기도하면 다 들어주시니까 희망을 갖고 열심히 기도하라는 얘기밖에 해줄 수 있는 게 없었다. 그나마도 알아듣는지 알 수 없었다.

이제 정말 가슴 아픈 시간이 왔다. 내가 맡은 A 군은 이십 대 전후로 추측되는 청소년인데, 이 시간쯤 되면 봉사자가 자기를 떼어놓고 떠난다는 것을 육감으로 느끼는지, 헤어질 시간이 가까워져 올수록 팔을 두 손으로 꽉 잡고 옥죄는 강도가 점점 강해졌다. 헤어지기 싫다는 본능이었다. 나도 몇 시간 되지는 않지만, 어느 사이 알지 못할 정이 들었는지 마음속으로 울고 있었다.

그곳에서 잊을 수 없는 사람은 보모들이었다. 우리는 몇 시간 가슴 아프다가 떠나면 그만이지만, 주야장천 이들을 먹이고 입히고 재우는 보모들을 생각하니 감사한 마음이 뼛속 깊이 느껴졌다. 저분들이야말로 진짜 천사라는 마음이 들었다. 나는 동료들에게 제안했다. 장애인 시설은 제쳐두고 보모들만 모여 저녁에 회식이라도 하게 하자며 격려금을 모금했다. 같은 마음이었는지 모두 대찬성이었다. 주머니를 털어 봉투를 마련했다. 보모 대표에게 우리의 뜻을 전하며 꼭 천사 여러분의 회식비로 쓰라고 봉투를 건넸다.

돌아오는 발걸음이 너무나 무거웠다. 어디 가서 실컷 울고 싶었다. 왜 저 사람들은 천형과도 같은 극한의 병을 앓고 있을까. 저들의 부모님 마음은 어떨까. 가슴속에서 끓어오르는 안타까움을 주체할 수 없었다. 그래도 그들을 돌보는 보모들이 직업적으로 하는 일이라 할지라도 천사의 일을 대신하는 그들이 존재한다는 것이 얼마나 다행인지 모를 일이었다.

그 후로 나는 그런 장애인 봉사활동을 한 번도 하지 않았다. 나이 들수록 마음이 약해져 그 아픔을 다시 견뎌낼 자신이 없었기 때문이다.

아직도 나는 장애인 시설에 가서 하는 봉사를 꺼리고 있다. 그때의 아픈 기억 때문이라고 하지만, 나의 변명이 부끄럽기도 하다. 오늘도 많은 봉사자와 수녀님들이 전국 요소요소에서 중증장애인들을 돌보고 있을 것이다. 우리 본당에 계셨던 B수녀님은 외국에 나가서 봉사활동을 하고 있다. 오스트리아 출신인 마리안느 수녀님과 마가렛 수녀님은 소록도에서 한센병 환자를 40년 동안 돌보셨다. 그분들이 연로해져 본국으로 떠날 때 돌보던 환자들과의 이별을 서로 감당할 수 없을 것 같아 홀연히 떠나셨다는 일화가 있다.

타인의 도움으로 겨우 생명을 유지하던 그때 삼중 장애인들은 지금 어떻게 살고 있을까. 살아 있기는 할까. 천사 같은 당시의 보모들은 아직도 그들을 돌보고 있을까. 나는 두 손을 모은다. 예수님이 죽은 나자로를 살리신 기적이 그곳에서도 이루어지기를 간절히 기도한다.

9. 예수님을 사랑하십니까

세상에 사랑만큼 하기 쉬우면서 어려운 것도 없는 것 같다. 성경에는 수없이 이웃을 내 몸같이 사랑하고, 서로 사랑하라고 하지만 현실은 그렇지 못하다. 예나 지금이나 전쟁과 범죄가 악마의 뿌리처럼 끈질기게 뻗어있고, 미움과 질투가 만연하고 있다. 예수님이 오죽 안타까웠으면 돌아가시기 전날 최후의 만찬 때에 십계명에 없는 새 계명을 내렸을까. 나는 성가 '새 계명'을 부를 때마다 그런 생각을 하곤 한다.

새 계명을 너희에게 주노니 너희는 서로, 서로 사랑하여라.
내가 너희를 사랑한 것처럼 너희도 서로 사랑하여라,

서로 사랑하여라. (요한 13, 34)

올 8월 15일 성모승천대축일에는 의무대축일 임에도 성당에서 미사를 드리지 못했다. 그날뿐만 아니라 그날 앞뒤로 거의 한 달가량 미사를 드리지 못했다. 예년처럼 올해 여름에도 시골에 내려가 있는데, 시골집에서 읍내 성당까지는 내 운전속도로 한 시간이나 걸리고 도로도 꼬불꼬불해 스스로 나이 핑계 대며 포기한 것이다. 작년, 재작년 대축일에는 읍내보다 좀 가까운 인접 군에 있는 성당에 가서 미사를 드렸으나 올해는 집안에 피치 못할 행사가 있어 아무 데도 못 간 것이다. 성당에는 안 가더라도 평소 신앙인으로 지켜야 할 계명을 잘 지켰냐 하면 그것도 아니다. 그저 나 편한 대로 지낸 것이다.

휴가를 마치고 올라와 본당 미사를 드리기 전에 고해성사를 보았다. 고해소에서 잘못을 고하고 용서를 구하는데, 칸막이 너머에 계신 신부님께서 갑자기 의외의 질문을 했다.

"예수님을 사랑하십니까?"

얼떨결에 "네, 사랑합니다."라고 대답했다. 보속으로 성체조배 30분, 묵주기도 5단, 좋은 일 한 번 이상을 내리셨다.

성체조배를 할 때나 집으로 돌아오면서도 신부님의 질

문이 귀에서 맴맴 돌았다. "예수님을 사랑하십니까?" 평소에 예수님을 사랑하는 마음이 충만하다면 귀에 맴돌리도 없지 않을까, 하는 생각이 들었다. 신부님이 "예수님을 지극히 공경합니까?"라든가, "예수님이 당신을 사랑하시는 것을 압니까?"라고 질문했다면 이런저런 생각을 하지 않았을 것이다.

그러고 보니 예수님을 믿음의 대상이요 흠숭의 대상이라고만 생각했지, 사랑의 대상이라는 생각은 못 한 것 같다. 사랑은 내리사랑이라고만 생각한 때문일까. 요즘 아이들은 엄마 아빠나 할머니 할아버지에게 "사랑해요." 소리를 잘도 하지만, 우리 세대는 그런 말을 해본 적이 없다. 예수님도 내가 너희를 사랑한 것처럼 너희도 서로 사랑하라고 하였지, 내가 너희를 사랑한 것처럼 너희도 나를 사랑하여라, 라는 말씀을 하신 적이 없는 것 같다. 이래저래 나 스스로 합리화를 시켜보지만, 신앙심이 약하다는 것을 자백하는 꼴이다. 그러나 한편으로는 존경과 흠숭도 사랑의 범주에 드는 게 아닐까 하는 생각도 해본다.

사랑도 머리로 하는 사랑, 가슴으로 하는 사랑이 있다 하지 않던가. 고 김수환 추기경께서는 생전에 사랑이 머리에서 가슴으로 내려오기까지 칠십 년이 걸렸다고 회

고하신 적이 있다. 내가 고해성사 볼 때 신부님의 질문에 "네, 사랑합니다."라고 한 사랑은 머리도, 가슴도 아닌 입으로만 한 사랑이 아닌가 싶다. 언젠가 내가 예수님을 가슴으로 사랑한다는 말이 저절로 나올 때, 비로소 고해성사도 제대로 볼 것 같다.

10. 증말 여사에게

지금 세상이 정말 살기 좋은 세상인가. 어떤 사람들은 지금같이 살기 좋은 세상이 어딨느냐고 말하지만, 하나하나 들여다보면 우리네 살림살이는 오히려 더 어려워지는 것 같다. 일자리가 줄어 실업자는 날로 늘어나고, 코로나19까지 기승을 부려 소상공인, 자영업자는 줄줄이 문을 닫는 실정이다. 그런데도 정부에서는 별 뾰족한 수를 내놓지 못하고 있으니 걱정이 태산이다.

그래서일까. 나는 요즘 무슨 일이든지 열심히 하는 사람들을 보면 믿음직스럽고 고마운 마음이 든다. 영하의 날씨에 도로 공사장에서 곡괭이질을 하는 청년이나, 무거운 짐을 잔뜩 들고 아파트 계단을 오르내리는 배달원이

나, 번화가 길목에서 이리저리 뛰어다니며 홍보 전단을 나눠주는 아주머니들도 그렇다.

직장 다닐 때의 일이다. 서울 시청 뒤편 무교동 골목으로 점심을 먹으러 나가면 이런저런 홍보 전단을 한 움큼씩이나 받곤 했다. 아주머니들이 노루목을 지키고 서서 나름 요령을 부리며 재빠르게 손에 쥐여 주었다. 설렁탕집 개업, 헬스클럽 요금 대폭 할인, 직장인 대출 우대 등, 내용도 각양각색이다. 어떤 행인은 그걸 받으면 무슨 변이라도 당하는 양 안 받으려고 요리조리 피하기까지 하지만, 나는 슬쩍 그쪽으로 일부러 가서 받기도 했다. 나는 그들이 그 일을 해서 하루에 얼마를 버는지 알 수 없었지만, 얼마가 되든지 간에 가족들의 생계를 잇고, 아이들의 학비로 쓸지도 모른다는 생각을 하면 그들이 건네주는 전단을 꼭 받아야만 될 것 같았다.

돌이켜 보면 우리 가족도 그런 적이 있었다. 6·25전쟁 때 피난을 갔다가 휴전이 되어 다시 서울로 돌아왔지만, 폐허가 된 도시에서 끼니조차 잇기 어려웠다. 어느 날 어머니는 어디에서 종이와 풀을 한 보따리 가져와서 봉투를 붙이고 계셨다. 요즘은 가게에서 물건을 사면 비닐봉지에 넣어주지만, 그때는 종이봉투에 넣어주었다. 우리 형제들도 달려들어 봉투를 산더미처럼 만들었다. 아마 천 장을 붙였어도 요즘 돈으로 천원도 못 받았지 싶다. 그래도 그 일이나마 있었던 것이 다행이었다.

요즘은 내가 번화가에서 홍보 전단을 나누어주는 아주머니 옆을 천천히 지나가도 나를 한번 쓱 훑어보고는 안 본 척 고개를 휙 돌리고 만다. 전단 배포 대상에서 제외된 것이다. 그래도 그냥 주면 될 텐데, 참 정직한 아주머니들이다. 그들의 선택과 집중이라고 해야 할까, 투철한 직업의식이라고나 해야 할까. 나는 '이 분야에도 전문가가 있구나', 하며 웃고 말지만 그럴 때면 왠지 나 자신이 대중으로부터 소외된 것 같은 느낌이 들기도 한다. 어쩌다 전단을 줘서 받아 보면 십중팔구 흑염소탕이나 순댓국집 같은 소규모 식당의 개업을 알리는 내용이 대부분이다.

그렇게 소외감을 느끼던 내가 어깨에 힘이 들어간 일이 있었다. 전철역을 빠져나와 집으로 가는데 다부지게 생긴 한 중년 아주머니가 널따란 고급 전단을 나에게 주면서 오피스텔 홍보지나 한번 보라며 크리넥스 화장지도 한 통 주겠다고 했다. 손해 볼 일도 없어 홍보지를 펼쳐보려는데, 여기서 보면 안 되고 근처에 있는 모델하우스까지 가야 한다고 했다. 귀찮아서 바쁘다는 핑계를 대고 그냥 가려 했더니 별안간에 아주머니의 목소리가 높아졌다.

"증말, 맨날 뭐가 그리 바빠, 증말."

그 소리에 나는 그만 "푸하~" 하고 웃음을 터트렸다. '증말'은 뭐고 '맨날'은 또 무엇이란 말인가? 그런데도 묘하게 기분이 나쁘지 않았다. 지금 나에게 내미는 홍보 전단은 젊은이들에게나 나눠주는 몇만 원, 몇십만 원대의 전단이 아니고, 최소한 수억을 호가하는 오피스텔 홍보지다. 그녀에게는 갓끈까지 떨어진 내가 꽤 돈푼깨나 있어 보이는 어르신으로 보인 것이 틀림없다는 생각이 들었다. 잠시 머뭇거리자 그녀는 낌새를 챘는지 내 팔짱을 꽉 꼈다. 바로 옆이라는 모델하우스는 한참을 걸어야 했다. 모델하우스에 데리고 들어가는 것까지만 '증말 여사'의 임무였는지 그곳에서 나를 직원에게 잽싸게 인계하고 그녀는 사라졌다.

자신을 홍보팀장이라고 소개한 말쑥한 차림의 청년이 모델하우스의 각 방을 안내하며 세련된 자세로 이모저모를 상세하게 설명했다. 요점은 한강 변 전망 좋은 곳에 짓고 있는 이 오피스텔에 지금 투자해두면 얼마 후에 억대의 프리미엄인가 뭔가를 얻을 수 있다는 것이었다. 나는 사실 그가 힘주어 설명하는 오피스텔에는 관심이 없었지만 증말 여사의 체면을 세워주기 위해서라도 아주 성의 있게 듣는 척했다. 가끔은 '증말 여사'와 한편이라도 되는 양 필요도 없는 질문을 해가며, 오피스텔의 구조가 마음에 든다는 둥, 비위를 적당히 맞춰주고 꼭 다시 오겠다는 빈 약속을 하고 나왔다. 선물로 받은 네모난 크리넥스 화장지의 값어치는 넘치도록 했다고 생각하니 마음이 홀가분했다.

머지않아 이른바 4차 산업혁명으로 인공지능 로봇이 기존 일자리를 대거 빼앗을 것이라고 한다. 어느 연구소의 보고서에 의하면 최근 몇 년 사이에 많은 일자리가 사라졌지만, 가까운 장래에 수만 개의 일자리가 더 사라질 것으로 예측한다. 어쩌면 홍보 전단 일도 인공지능 로봇이 대신하는 시대가 올지 모른다. 설사 그런 시대가 온다 하더라도 로봇 아주머니가 증말 여사와 같은 순발력을 발휘할 수 있을까. 어쨌든 세상 살기가 더 좋아져서 열심히 일하고 있는 증말 여사 같은 분들이 로봇에게 그 일을 빼앗겨도 편안히 살 수 있는 세상이 오기를 기대해 본다.

눈물로 씨 뿌리던 이들, 환호하며 거두리라(시편 126, 5)

오늘도 길거리에서 꿈과 희망을 포기하지 않고 고군분투하고 있을 '증말 여사'에게 하느님의 은혜가 충만하기를 기도한다.

찬미하리 주님을

세상 길 걸어가면
언제나 만나는 길

굽은 길 어두운 길
때로는 가시밭길

그 길에
주님 동행하시니
두려울 것 없어라

지칠 때 힘주시고
아플 때 늘 계시니

어제도 감사하고
오늘도 기뻐하네

이제와
항상 영원히
찬미하리 주님을

V. 영혼의 염도를 맞추며_이춘희

이춘희(베로니카)

중국에서 의대를 졸업한 후 제약회사와 의료기관에서 종사하다가 52세에 은퇴했다. 2015년 서울디지털대학교에서 문예창작과를 졸업했다. 2014년부터 격월간 수필 문예지 『에세이스트』에서 활동 중이며 『에세이스트』에서 〈올해의 작품상〉을 3회 수상하였고 현재 신인상 심사위원으로 활동 중이다. 펴낸 종이책으로는 『경계 저 너머』(수필in)가 있고, 번역 작품으로는 『물소리 포엠 주스-가족과 아이들과 물소리 그리고 시와 사랑을 나누는 우리 이야기』중국 시 파트의 번역이 있다.

peaceful-rhee@daum.net

1. 나는 여호와의 증인이었다

종교, 정치 문제로 가족 사이에도 자주 의견 충돌이 발생한다. 그럼에도 오늘은 종교에 대한 나의 생각을 털어놓으려 한다.

십여 년 전, 나는 이단으로 취급되는 여호와의 증인(이하 '여증')의 신자였다. 그때는 신앙의 신비를 몰랐다. 그냥 진실로 믿어버리면 될 것을 사실성을 파헤치며 읽었다. 그들과 함께 성서를 연구하면서 친교를 나누는 시간이 즐거웠고 허둥대던 마음을 안착할 수 있었다. 나는 그들과 어울리며 현실과는 다소 동떨어진 생활을 했다. 일종의 현실 회피였으리라.

사람은 곤경에 처하면 지푸라기라도 잡고 싶어진다. 사

업실패와 채무, 허무의 늪에 빠져 생명을 탕진하며 술에 의존하던 남편, 아빠와 갈등을 빚는 아이, 우리는 마치 난파선에 탄 사람들 같았다. 나사가 풀린 사람처럼 멍한 눈빛으로 거리를 걷다보면 "도를 아느냐?"며 조상한테 공을 들여 보라고 접근하는 사람들도 있었다.

나의 친척과 지인들은 불교, 개신교, 가톨릭 등 다양한 종교를 믿는다. 무교인 나는 그들의 선교 대상 1순위였다. 가족과 친지들은 저마다 자신들의 종교로 나를 이끌었고, 그러나 나는 어떤 종교든 매이는 것이 싫다는 핑계로 소속되기를 거부했다. 종교가 다르다는 이유로 친족 간에 사이가 멀어졌던 일도 있었다.

한때 나는 많은 분들의 도움을 받았다. 특히 개신교 신자 J 문고사장님, '여증' 신자 P 선생님의 도움과 지지를 많이 받았다. '여증' 신자들은 짝을 지어 매주 3회 정도 우리 집을 방문하였다. 성서 잡지인 『파수대』를 나눠주면서 성서 연구에 참여할 것을 독려했다. 나는 주 2회 그들의 회중에 나가 발표와 토론, 질의응답 내용을 경청했다. 그러다가 1년 후 침례까지 받게 되었다.

한편, 개신교 신자인 동생네는 나를 만날 때마다 완곡한 표현으로 걱정과 우려를 나타냈다. 그들은 내가 이단 종교에 빠졌다고, 삶의 기로에서 방황하다가 이상한 사람들한테 조종되고 있다, 고 생각했다. J 문고사장님은 나를 개신교 교회 새신자 반에 가입시키려고 일요일마다 서울 목동에서 일산까지 오시는 수고를 아끼지 않으셨다. 나는 그분들의 열의와 정성에 보답하고자 한동안 교회에 다니면서 목사님의 설교를 들었다. 이재철 목사님의 설교에는 깊은 울림이 있었다. 영적으로 잘 다듬어진 분 특유의 아우라에 사람들은 열광했다.

나는 '여증'과 개신교 사이에서 갈등했다. 이중생활 때문에 마음이 편치 않았고 나를 아끼고 사랑하는 분들의 기대를 저버리고 있다는 생각에 죄스러웠다. '여증'신자들은, 왕국을 믿지 않는 배우자나 가족들과 철저하게 선을 그을 것을 격려했다. 나는 이 점이 받아들여지지 않았다. 종교가 진정한 구원에 이르는 길이라면, 가는 길이 좀 다른들 어떤가, 하는 질문이 생기면서 거부감이 일었다. 세상의 책을 적게 읽고, 성서와 그들이 배포하는 잡지를 읽으며, 일을 줄이고 연구에 박차를 가할 것을 종용할수록 내 마음은 그들과 멀어져갔다. 얼른 그들의 속박에서 벗어나고 싶었다.

'여증'에서 탈퇴란 곧 반역과 영원한 죽음을 의미한다. 그러거나 말거나 나는 더 이상 왕국 회관에도, 교회에도 나가지 않았다. 교회와 회중에서 하던 봉사도 그만두었다.

퇴근하면 빈속에 술을 잔뜩 마시고 허무한 삶을 달랬다.

그러던 어느 날 법륜스님의 법문을 듣게 되었다. 법문을 들으면서 까르마, 용서, 포용, 인연, 내려놓기, 수행…… 이러한 낱말들에 눈을 떴다. 내 삶에 피돌기가 시작되었다. 내가 매일 108배를 시작하면서부터 남편도 술을 절제하였고 차츰 건강을 회복하였다. 나는 매일 법문을 듣고 4년여 108배를 했다.

사람들이 어떤 종교를 믿느냐고 물으면 나는 불교 성향이 있다고 답한다. 나는 예수님도 사랑하고 부처님도 좋아한다. 법륜스님도 존경하고 100주년기념교회의 이재철 목사님도 존경한다고 말한다.

이제 가족들도 더 이상 종교 논쟁을 하지 않는다. 종교는 음식과도 같아 자기 취향에 맞으면 된다는 것이 나의 생각이다. 서로 이해하고 존중하고 포용하는 것이 사랑이고 배려이다. 예수 그리스도와 석가모니 부처님은 결코 서로 다르다고 배척하지 않을 것이다. 나의 단호한 종교관에 가족과 친지들도 토를 달지 않았다.

만약 우리 삶에 고통과 죽음이 없다면 이 세상에 종교도 없었을 것이다. 종교는 영혼의 안정제 같은 것이다. 성난 사자처럼 포효하는 인간의 마음을 다잡아주고, 죽을 운명의 인간들에게 부활 또는 환생의 희망을 주어 삶의 허무에서 벗어나게 한다.

그런데 종교만큼 복잡하고 왜곡의 폭이 큰 것도 없다. 모든 종교가 진리를 말하고 사랑을 노래하는데 종교 갈등과 전쟁은 끊이지 않으니 이 또한 아이러니가 아닐 수 없다. 종교 전쟁은 주로 종교와 신념의 차이로 인해 발생하거나 정당화되는 전쟁이다. 가톨릭과 신교 사이의 북아일랜드 분쟁, 현재 진행 중인 이슬람교와 유대교 사이의 팔레스타인 분쟁 외에도 이슬람교와 힌두교 사이의 카슈미르 분쟁, 힌두교와 불교 사이의 스리랑카 분쟁, 그리스 정교와 이슬람교, 가톨릭 사이의 발칸 분쟁 등 세계 곳곳은 종교 분쟁으로 위기에 처해 있다. 예수와 부처, 알라신이 굽어보고 계신다면 작금의 종교 전쟁과 그 참혹상에 대해 어떤 생각을 하고 계실지 정말 궁금하다. 인간들은 원본의 진리는 방치하고 자기들의 필요에 따라 왜곡된 버전으로 서로 자기가 옳다고 우기는 것은 아닌지 싶다. 그리고 이 세상의 많고 많은 신들에게 묻는다. 그들은 다른 신들에게 우호적인가를.

여호와의 증인들은 죄수로 복역할지언정 병역에 복종하지 않는다. 이사야 2장 4절의 "칼을 쳐서 보습을", "전쟁을 배워 익히지도 않으리라."라는 성경 말씀을 지키기 위해서란다. 십분 공감하지만, 지구촌에서 구현 가능할지는 의문이다. 이 땅에 국경이 존재하고 다양한 민족과 종교가 서로 대적하거나 배척하고 있는데 일방적인 무장 해제로 우리의 평화와 번영을 지켜낼 수 있을까.

오랜만에 P 선생과 집 근처 공원에서 한 시간 가량 담소를 나누었다. 그분은 오픈 마인드에 타인의 의견을 경청할 줄 아는 분이시다. 내가 '여증'을 탈퇴하자 우리의 만남도 중단되고 말았다. 탈퇴한 자와의 만남을 허락하지 않는 회중의 규칙을 존중하여 나는 일부러 안부 문자도 자제했다. 그가 다시 찾아와 주었다. 회중도 이제는 많이 유연해져 떠났던 형제나 자매들을 받아들인다고 하였다. 당시 언니처럼 가깝게 지냈던 '여증' 신자 K가 그립다. 그녀는 오늘도 왕국회관에서 성서 토론을 하고, 집집마다 방문하여 초인종을 누르고, 정기 출판물『파수대』를 전달하며 천국의 희소식을 전할 것이다.

※ 이 글은 가톨릭 입교 2년 전에 쓴 글입니다.

2. 새로 태어날 결심

5월 초, M 선생과 불암산 철쭉동산을 구경하고 즐거운 시간을 보내다가 같이 전라남도 여행을 떠나기로 약속하였다. 하여 그달 중순, 서울고속터미널에서 순천행 리무진 버스에 몸을 실었다.

나는 M 선생 덕분에 순천을 거쳐 벌교, 덕산마을까지 가게 되었다. 덕산마을은 H 출판사 대표님의 고향이다. 조정래 문학관이 벌교터미널 근처에 있어 우리나라의 문학 거장이 방대한 분량의 대하소설『태백산맥』을 어떻게 집필하셨는지 알아볼 기회도 생겼다. 내 키를 훌쩍 넘는 작가의 원고 더미를 옆 배경으로 사진을 찍었다. 작가의 기를 쐬었다고 기뻐하기도 전에 나는 글쓰기의 고단함에

질려버렸다.

순천은 남국의 풍광을 두루 갖추었다. 천혜의 고장이 순천이구나, 하며 연신 감탄했다. 전라도라 음식맛도 좋았다. 순천에서 우리는 M 선생의 대녀인 안젤라 자매님의 댁에서 이틀간 묵게 되었다. 안젤라 자매님은 맛있게 절여놓은 가시오가피 장아찌도 나눠주고 우리를 소록도 성당, 선암사, 순천만 등에 데려가는 수고도 떠안았다. 날은 약간 흐리고 비는 오락가락하였지만 여행에는 지장이 없었다. 우리가 걷고 있을 때 비도 잠깐 멈추거나 이슬비로 변했다. 그러나 카페에서 쉬거나 차량에 탑승하면 소나기가 되어 퍼붓곤 하였다. 시원한 날씨 덕분에 우리는 순천의 핫플레이스를 기분 좋게 관광할 수 있었다.

안젤라 자매님이 소록도 성당에서 주임 신부님을 뵙기로 하여 동행하게 되었다. 이 성당은 소록도에 위치한 아주 예쁘고 작은 성당이다. 약속시간보다 일찍 도착하여 나와 M 선생이 먼저 성당에 들어갔다. 성당은 미사가 끝난 뒤라 텅 비어 있었다. 내부의 공기가 서늘했다. 좁고 기다란 성당이었다. 성당의 좌석은 중앙통로를 중심으로 양 옆에 배치되었고 대리석 바닥은 티 없는 거울처럼 반들거렸다. 성당 제대 위의 스테인드글라스 돔형 지붕이 은은한 채색으로 십자가를 비추고 있었다. M 선생은 곧장

앞좌석으로 가서 앉더니 고개를 숙였다. 기도하는 순종의 뒤태에 숙연해진 나도 뒷좌석에 앉아 고개를 숙였다. 눈물이 하염없이 흘러내렸다. 기도를 마치고 돌아선 M 선생 보기가 민망할 정도였다. M 선생은 "나도 그래요." 하고 말했다. 그 말이 하마터면 '대홍수'를 부를 뻔했다. 절제의 은사를 내려달라고 간구해야 했다. 우리는 성당을 나와 입구 석판에 새겨진 성당 소개를 읽었다. 하느님의 눈물! 석판에 새겨진 첫 문구가 또 눈물샘을 자극했다. 아래는 소록도 1번지 성당의 소개에 나오는 내용 중 일부이다.

소록도 1번지(직원) 성당 제단 위 반원 천장은 돔 스테인드글라스로 장식되었다. 총 21조각의 유리가 상하 좌우 균형을 맞추어 돔 형상 그대로 만들어졌고 그 안쪽에 유리화를 붙인 것이다. 이 유리화 제목이 '하느님의 눈물'이다. 유리화 가운데 십자가는 붕대 감긴 십자가로, 한센인들의 아픔과 함께 하는 예수님을 표현했다. 십자가 밑의 삼각형은 소록도이고 그 위에 떨어지는 물방울이 '하느님의 눈물'이다.

그날 저녁 안젤라 자매님 댁에서 저녁 식사를 하게 되었는데 M 선생이 식전 기도를 올리게 되었다. 나직하고 울림 있는 M 선생의 식전 기도는 진지하고 경건했다. 순도 높은 신앙을 가진 가톨릭 신자의 정화된 영혼에서만 흘러나올 수 있는 멘트였다.

전라남도 3박 4일 여행이 끝나고 돌아와서도 소록도 성당 투어의 여운이 남아 있어 꿈결 같은 며칠을 보냈다. 소록도 성당에서의 신비한 체험, M 선생과 함께 여행하면서 보고 느끼고 기도했던 일들이 뇌리를 떠나지 않았다. 내 종교를 찾아 방황했던 지난 30년을 생각하니 감회가 새롭다. 긍지도 빛도 없었던 내 삶에는 어쩌다 종교가 끼어든 적도 있었다. 하지만 대부분 내가 힘들거나 어려울 때 잡았던 지푸라기에 불과했다. 내 영혼이 거할 집을 찾기가 이리도 어려웠었나.

새벽에 눈을 뜨면 십자 성호를 긋고 기도를 올린다. 경건한 마음으로 시작하는 하루는 평화롭고 행복하다. 산책길 주변에 핀 수수한 풀꽃에서도 하느님의 사랑과 은총을 느낀다. 주님에 대한 찬사가 저절로 흘러나오는 하루하루는 기쁨으로 충만하다. 건강도 날로 좋아져 이제는 어디 아픈지도 모르고 산다. 기쁜 마음으로 딸한테 가톨릭 예비신자가 되었다고 알렸고, 엄마한테 주님의 뒷배가 생겼으니 어려움이 있으면 얘기하라 일렀다. "든든한 빽이네." 하며 딸도 즉시 호응을 해주었다.

오랜 세월 그 무엇으로도 채워지지 않던 정신적 허기와

갈증이 해소되었다. 주님을 믿지 않고 살아온 지난 오십 년이 헛되고 아쉽다.

"내 영혼에 숨을 불어넣어 주신 주님, 당신을 낯설어하며 낮은 자존감으로 살아왔습니다. 인간으로 태어나 사람의 설명서도 읽지 않고 살았습니다. 내키는 대로 산 죄를 깊이 반성합니다." 낮은 소리로 읊조리며, 성경 필사를 시작한다.

3. 어찌하여 저를 버리셨습니까

멜 깁슨 감독의 〈패션 오브 크라이스트(The Passion of Christ)(2004년)〉를 다시 봤다. 아주 오래 전에 본 영화이다. 영화에 대한 기억이 희미하다. 그때는 예수님의 수난에 대한 관심보다는 리얼리티를 지독하게 구사하는 멜 깁슨 감독의 '잘 찍은 영화' 라고 생각했던 게 아닐까 싶다.

성당 교리반 선생님의 추천으로 넷플릭스에서 이 영화를 다운로드했다. 전에 느끼지 못했던 예수님의 고통이 아프도록 생생하게 전해졌다. 십자가에 못 박힐 때 영육에 가해진 최대치의 고통을 묵묵히 끝까지 받아내는 예수님이, 그럼에도 손발에 못을 박는 로마병사들을 위해 기도하는 예수님이 내 가슴을 찢었다. 우리가 매일 드리는 성당 미사의 본질, 보혈과 성체가 무엇을 의미하는지를 아프게, 아프게 깨달았다. 우리를 죽음에서 구원하기 위한 예수님의 거룩한 희생에 목이 메었다.

영화를 묵상하던 중에 하나의 의문점이 떠올랐다. 십자가에 못 박힌 예수님은 왜 숨을 거두기 직전에 하느님께 "저의 하느님, 저의 하느님, 어찌하여 저를 버리셨습니까?" 하고 절규하셨을까?

예수님은 사도의 배신과 자신의 죽음, 죽은 후 사흗날에 부활하리라는 것을 예견하셨다. 그러나 극한의 고통 속에서 그는 하느님을 향해 절규하였다. 하느님의 아들이 사람들의 손에 조롱과 수모를 당할 때 어찌하여 하느님은 기적을 일으키지 않으셨을까. 이 모든 것이 하느님의 예정된 성사였다면 예수님은 왜 저를 버렸다고 말씀하셨을까. 하느님이 당신의 외아들을 버릴 리가 없다. 예수님의 표현은 극한의 고통을 의미하는 것이다.

『예수의 생애』(엔도 슈사쿠 지음, 이평춘 옮김)의 저자는 "저의 하느님, 저의 하느님, 어찌하여 저를 버리셨습니까?"라는 슬픔에 찬 호소가 시편 22편의 첫머리에 나오는 문장이고 당시 유다인들은 대부분 시편을 암기하고 있었기 때문에 시편 22편 23절로 이어지는 찬미의 시는 (예수님이 읊었을지라도) 기록하지 않았을 것이라는 주장을 펴고 있다.

시편 22편 전체의 맥락을 봤을 때 절망의 표현만은 아니라는 것이다. 예수님이 가냘픈 목소리로, 몽롱한 의식 가운데서, 22편을 통째로 띄엄띄엄 소리 내어 기도로 바치며, 생명의 마지막 순간을 기다렸을 것이라는 것이다. 절규에 가까운 시편 기도에 이어 "제 목숨을 당신 손에 맡기니 주 진실하신 하느님, 당신께서 저를 구원하시리이다. … 저를 원수의 손에 넘기지 않으시며 제 발을 넓은 곳에 세우셨기 때문입니다."라는 찬양의 31편으로 옮겨갔을 것이라는 것이다.

그러나 평범한 일반인의 생각에 비출 때, 십자가에 달린 그를 구원하지 않고 기적을 베푸시지 않은 하느님에 대한 슬픔과 하소연, 그로부터 오는 절망으로 이해하는 것도 영 무리는 아니다.

고난 속에서 도움을 구하는 절규는 시편 13, 22, 88편에서 도드라진다. 예수님의 탄식과 절규는 시편 22편 2절 내용이다. 예수님은 당면한 극한의 고통을 당시 상황에 맞아떨어지는 시편의 기도로 이겨내고자 하셨을 것이다. 따라서 그분의 절규는 하느님에 대한 원망이 아니라 고백이고 기도이며, 그 본질은 하느님께 자신을 영을 맡기는 지극히 순종하는 '하느님의 어린양'이라는 데 있다. 예수님께서 참을 수 없는 고통 속에서 시편의 기도로 하느님과 깊은 교제를 나눈 것으로 이해해야 할 것이다.

> "낮 열두 시쯤 되자 어둠이 온 땅에 덮여 오후 세 시까지 계속되었다. 해가 어두워진 것이다. 그때에 성전 휘장 한가운데가 두 갈래로 찢어졌다. 그리고 예수님께서 큰 소리로 외치셨다. "아버지, '제 영을 아버지 손에 맡깁니다'" 이 말씀을 하시고 숨을 거두었다." (루카 23, 44~46)

위의 내용을 보더라도 그가 숨이 멎는 순간까지 하느님과 교제하면서 주님께 자신의 영을 의탁하고 있음을 알 수 있다. 원망과 불신의 대상에게 영을 맡길 수는 없을 것이다. 그의 탄식은 단지 시편 기도 내용의 일부라는 추론에 고개를 끄덕이게 된다.

예수님은 십자가에 세 시간이나 매달려 계셨다. 십자가 위에서 예수님의 마지막 기도는 사그라지는 생명의 불꽃처럼 가냘프고 비탄에 젖었을 것이다. 극심한 고통이 시편의 기도를 절규처럼 쏟아내게 하였을 것이다. 그럼에도 불구하고 예수님은 숨이 멎는 순간까지 주님을 찬양하고 주님께 영을 맡기며 하느님께 영광을 돌리셨다.

영화 〈패션 오브 크라이스트〉는 예수님의 잔혹한 십자

가 수난에 초점을 맞추면서 그의 희생이 얼마나 위대하고 거룩한 것인지를 알게 하였다. 우리는 모두 빚쟁이다. 세상 사람들은 모두 예수님에게 큰 빚을 졌다.

4. 말씀 보청기

주님, 성령의 빛으로 저 불쌍한 노인의 눈을 여시어 주님의 길을 보게 하소서.

아버지의 인지장애는 날이 갈수록 심해졌다. 또 한 차례 난동이 있고부터 어머니는 아예 언니네 집으로 피신하셨다. 어머니가 아버지 곁을 떠나신 후 아버지는 동생네 집으로 가겠다고 나섰다. 크로스백 세 개에 물건을 구겨 넣고 길을 나선 아버지의 뒷모습은 초라하고 서글펐다. 정신 상태도 그렇지만 어린아이를 닮은 걸음걸이도 위태위태했다. 물체의 윤곽만 식별하는 희미한 시력으로 길을 나서는 저 용기는 어디에서 왔을까? 그가 아무리 손을 흔들어도 멈춰서는 택시는 없었다. 도로 중앙에서 손을 흔드는 민폐 노인을 그냥 놔둘 수 없어 억지로 집으로 데리고 왔다.

동생이 아버지를 모시러 헐레벌떡 우리 집으로 달려왔다. 동생네 집에서 아버지는 당신의 폭행과 폭언으로 어머니가 피신해 계신다는 것은 모르시고 늙고 병드니 조강지처가 나를 버렸다, 내가 무슨 죄로 이 꼴을 당하느냐, 고 넋두리를 하셨다. 60년 함께한 세월이 어디 그리 쉬운가.

그러나 아버지의 의처증과 망상으로 어머니가 겪은 고통은 이루 말할 수 없다. 어머니는 작년부터 생긴 허리 디스크로 때로는 기다시피 하면서 아버지의 식사를 챙겼다고 한다. 아버지는 뇌경색 후유증으로 한쪽 다리가 불편한 어머니의 건강상태는 뒷전이시다. 부모님을 곁으로 모셔온 이유는 어머니의 상태가 아버지를 돌보기 힘들 것 같았기 때문이다. 시·청각 장애로 더욱 완고해진 아버지 때문에 매사 순발력이 뛰어났던 어머니의 총기도 심하게 저하되어 있었다.

부모님의 관계는 세월과 더불어 악화되었다. 어머니는 한 번씩 도지는 아버지의 정신증세 때문에 몹시 힘들어하셨다. 아버지는 사위를 도둑으로 경계하고 딸들한테는 너희들한테 속았다고 말씀하신다. 밤이 되면 도둑 망상이 심해지니 그 곁을 지키는 어머니는 늘 불안과 초조함에 잠을 설치곤 한다.

동생네 집에 잠깐 있다가 오신다 하더니 벌써 3주가 지났다. 동생은 아버지의 기분을 돌보랴, 식사 챙기랴, 일 나가랴 안 그래도 바쁜 일상이 더욱 분주하게 돌아갔다. 아버지는 상냥한 성격의 제부를 편하게 생각하는 듯했다. 그들의 경계를 '침범'하시고서도 매일 자신의 불편함만 호소한다. 더위를 무척 타는 동생네 식구들이 에어컨을 켜면 춥다 하시고, 에어컨이 없는 안방에 주무시라 하니 어둡다 한다. 유일한 낙은 저녁 시간이다. 저녁이 되면 아버지는 샤워와 약주를 마시는 것으로 기분전환을 하셨다. 그러나 아침이 되면 다시 병이 도진다. "오늘 기분이 안 좋다."라는 멘트로 하루를 시작하신다.

나는 일주일에 3회 정도 동생네 집에 가서 아버지를 돌봐 드린다. 아버지는 내가 방문하는 날만을 손꼽아 기다리신다. 내가 집에 들어서면 아버지의 첫 인사는 "하루가 참 길다."이다. 동생이 아무리 잘해드려도 열심히 티끌을 찾아내고 허물로 삼으신다. 동생과 우리 집에 깃든 작은 평화가 아버지 때문에 야금야금 잠식되는 중이다. 단 하루도 조용하게 계실 날이 없다. 어떤 때는 내가 무슨 죄를 지었냐며 억울해 하고, 또 어떤 때는 어머니 험담을 곁들였다. 온통 타인의 잘못이다. 인간의 본능과 이기심, 사랑과 행복 등에 대해 말씀하실 때에는 나름 재미도 있다. 추억에 남는 이야기들을 적어보시라고 권하고 싶지만 아버지의 일기장은 2018년에 멈춰 있다. 볼펜과 새 노트를 드렸더니 노트를 가리키며 "여기에 뭐라도 좀 써서 달라."고 하신다. 나는 〈주님의 기도〉와 십계명, 예수님의 산상수훈 등을 쓰고 우리 가족의 전화번호와 주소도 적어드렸다.

아버지의 점심을 챙겨드린 후, 지루한 시간을 보내기 위해 성경을 펼친다. '주님, 성령의 빛으로 저희 눈을 여시어 주님의 길을 보게 하시고, 저희 귀를 여시어 생명의 말씀을 듣게 하소서.' 하고 기도를 올리고 아버지의 넋두리를 흘려들으며 성경 필사를 시작한다.

성경을 덮고 예수님께서 사마리아 여인에게 하신 말씀을 묵상한다. 그렇다. 이 세상에서 느낀 갈증은 하느님의 말씀 아니면 해결될 수가 없다. 아버지가 성경 말씀을 들으실 수 있다면 얼마나 좋을까? 말씀이 임하여 당신의 보청기가 될 수 있다면.

5. 보이지 않는 눈

길을 걷다 보면 누구나 한 번쯤은 돈을 주워본 경험이 있을 것이다.

얼마 전의 일이다. 도로 옆 인도에 만 원짜리 지폐 한 장이 구겨진 채로 떨어져 있었다. 나도 몰래 멈칫하면서 주울까 망설이는 찰나, 뒤에서 어떤 손이 휙 재빠르게 주워갔다. 그 손은 젊은 여성의 것이었다. 그녀는 지폐를 바로 주머니에 넣지 않고 손수건처럼 말아 쥔 채 나를 스쳐 지나갔다. 망설임이라곤 없어 보이는 몸짓이었고, 돈을 주웠다는 사실을 숨길 생각도 없는 듯했다. 우두망찰하는 중에 조금 전 술에 취해 비틀거리며 바지춤을 추스르던 노인의 모습이 떠올랐다. 어쩌면 손에 들린 반쯤 열린 지갑이나 바지 주머니에 아무렇게나 쑤셔 넣은 돈이 빠져 나온 것이리라.

성경의 십계명에는 "도둑질하지 말라.", "남의 재물을 탐내지 말라."는 계명이 있다. 타인의 것을 욕심내는 순간, 우리의 영혼에는 균열이 생기고 그 사이로 먼지와 더러운 것이 혼입된다. 우리는 누구나 잠재적 죄인이다. 나는 매일 〈주님의 기도〉를 외운다. 유혹에 빠지지 않게 해 주시고, 악에서 구해 달라고. 그럼에도 불구하고 아주 잠깐 사이에 남의 것을 탐내는 죄를 짓게 된다.

믿음이 없던 시절에는 혹여 돈을 주우면 '운수 좋은 날'로 생각하기도 하였다. 길에서 주운 돈은 누구 것인지 알 수 없기에, 내가 줍지 않으면 다른 사람이 주워갈 것이기 때문에, 라는 이유를 대며 탐심을 합리화하였다. 신앙인이라면 어떻게 할까? 줍고 회개할 것인가, 아니면 십계명에 위반되는 죄임을 깨닫고 불의의 몸짓을 멈출 것인가.

가톨릭 예비 신자가 되기 전, 나도 돈을 주운 적이 몇 번 있다. 아파트 단지 주변을 산책하다가 천 원짜리 지폐를 주운 적이 있었다. 그때 나는 주변의 시선을 확인한 후 허리를 굽혀 돈을 주웠다. 행운의 네잎 클로버를 발견한 것처럼 기쁜 마음으로. 그러나 돈을 쥔 내 손가락은 저절로 말려들었다. 죄를 짓는다는 생각이 들었던 것이다. 나는 돈을 주머니에 넣고 발걸음을 재촉했다. 이 돈을 얼른 써버려야 마음의 불편함을 덜어낼 수 있을 것 같았다. 그런데 오늘 본 장면의 주인공은 떳떳했다. 마치 자신의 권리인양 당당하게 주워갔다. 왠지, 나는 일말의 상실감과 혼란을 느꼈고, 혼란을 느꼈다는 사실이 마음에 켕겼다. 왜 어떤 이는 죄책감을 품은 채로 돈을 줍고, 왜 어떤 이는 뻔뻔할 정도로 대담하게, 원래 내 것인 것처럼 타인이 잃어버린 것을 가져가는가? 하는 생각도 들었다.

나는 그 경계에 신앙이라는 선을 긋는다. 타인의 재물을 탐내는 마음은 십계명을 위반한 것이니 당연히 선을 넘은 것이다. 신앙은 보이지 않는 시선 아래에서, 내가 어떤 사람으로 살아가고 있는지를 묻고 있다. 아무도 보지 않는 순간에도, 누군가는 보고 계신다는 의식이 또렷한 지금, 오늘의 이 장면은 명징한 '멈춤'의 선을 그어주었다. 주님이 굽어보고 계신다는 깨어있는 생각을 가진 상태라면 감히 그 돈을 주울 수 없을 것 같다.

인간을 날카로운 경계선에 세우는 것이 바로 신앙이다. 보이지 않는 시선 아래서 오히려 더 정직하게 행동할 것을 요청하는 신앙의 힘은 신비하다.

길가에 떨어진 돈 앞에서 망설인 몇 초의 시간은 양심의 '리트머스' 같은 것이었다. 삶이 던지는 작은 시험지,

이 시험을 앞에 두고 사람들은 제각각 다른 답을 낸다. 어떤 이는 '내 것'이라 여기고 당당히 취하고 또 어떤 이는 주변을 두리번거리며 몰래 가져간다. 또 어떤 이는 주머니에 넣을까 말까 망설이다 결국 그 자리에 두고 간다. 위에 있는 눈을 의식하기 때문이다. 같은 상황에서 이렇게나 다양한 인간상이 드러난다. 길가에 떨어진 지폐 한 장으로 드러나는 인간의 내면은 이토록 오묘하고 복잡하다. 한 장의 지폐에 어떤 이는 걸려 넘어질 수 있고, 어떤 이는 거듭난다. 신앙으로 담금질된 영혼은 당장 멈춘다.

신앙을 갖기 전 나는 두 번째 부류에 속했다. 주변에 아무도 없다는 확신이 들 때 떨리는 손끝으로 돈을 주웠다. 예수님을 따른 후에는 다른 마음이 생겼다. 저 높은 곳에 항상 나를 지켜보는 눈이 있고, 그분은 나의 머리카락까지도 세고 계신다는 의식은 어떤 불의의 순간에 나를 멈춰 세운다. '이 돈이 내 것이 맞는가? 내가 지금 하는 행동이 하느님 앞에서 정직한가?' 라는 질문이 자연스럽게 일어난다. 더 나아가 무의식적으로 멈출 수 있는 사람이 되어야 하는데, 신앙의 문은 좁고 갈 길은 멀다.

십계명은 인간이 지켜야 할 최소한의 기준선이다. 세상의 법이란 것도 애당초 최소한의 규율이다. 최소한의 규율, 이 기준선을 넘었을 때 인간의 영혼에는 균열이 생긴다. 제궤의혈(堤潰蟻穴)이라고 영혼에 생긴 작은 크레바스가 언젠가는 한 사람의 삶을 통째로 무너뜨릴 수 있다. 신앙은 이러한 작은 균열을 막아내는 힘이고 강력한 접착제이다. 앞으로 땅 위에 떨어진 지폐에 눈길조차 주지 않는 사람이 되고 싶다.

길가에 떨어진 한 장의 지폐로부터 나는 인간의 탐심과 양심, 신앙의 신비를 보았다.

6. 빛의 문턱에서

나는 내 이름이 부끄러운 소심하고 내성적인 아이였다.

어릴 적 나의 출생은 어머니의 눈물이었고, 아버지의 외면이었으며, "딸부자 집에 또 딸이네."라는 조롱거리였다. "다리 밑에서 주워왔다."는 말을 반쯤은 진실인 줄 알았다. 나를 설명할 말도, 지켜줄 말도 없었다. 미천한 출생에 대한 고뇌를 안고, 청소년 시절부터 우울증을 앓았다. 나의 삶은 순탄치 못했다. 그 고난이 그저 허락도 없이, 눈치도 없이, 여아로 태어난 내 죄겠거니 생각하였다.

이십대 초반까지 나는 신앙이 없었다. 종교에 대한 가르침을 접한 적도 없었다. 대학시절에는 어쩌다 홍콩의 가톨릭 신자들이 천주교 성경을 선물하고는 했지만, 구약에서 걸려 넘어졌다. 신약의 예수님은 만날 기회조차 얻지 못했다. 하느님의 자녀이면서도 하느님의 은총을 모르고 살았고 내키는 대로 살았다. 그러나 입양아가 유전자의 근원을 찾아 나서듯, 나도 내 영혼의 본향을 찾아 방황하고 고뇌했다.

종교가 없는 사람은 타 종교의 전교 대상이 되기 쉽다. 한국으로 이주한 후, 내 주변에는 나를 신자로 만들려고 애쓰는 분들이 많았다. 안타깝거나 또는 사랑하는 마음으로 그리했을 것이다. 그중에는 사이비 종교에 몸을 담은 지인들도 있었다. 한때 나는 이단 종교에 끌려 다녔다. 개신교의 열정에 주눅 들었고, 이단 종교의 친교에 감동했으며, 그들의 친절에 보답하기 위해 종교의 틀에, 통제된 삶에 억지로 자신을 욱여넣었었다.

불교의 침묵 속에서 신이 아닌 것에 절하기도 했고, 일이 잘 풀리지 않을 때면 타로로 길흉을 점치기도 하였다. 종교는 알코올처럼 잠시나마 나를 위로했다. 여러 종교를 전전하다가 문득 신이 너무 많고, 신은 분쟁만 일으킨다는 생각을 하게 되었다. 그래서 나는 아예 "그 어떤 신도 믿지 않겠다."고 선언했다. '여증'을 탈퇴하고, 개신교 교회도 더 이상 다니지 않았다. 드문드문 사찰을 방문하고, 평소에는 법문을 듣거나 108배를 하였다.

'하나님'과 '하느님'은 종종 나를 헷갈리게 하였고, 교회와 성당이 어떻게 다른지, 왜 개신교 교회의 십자가는 밤이 되면 환하게 빛나는데 성당의 십자가는 어둠에 잠겨 있는지도 궁금했다.

종교의 속박에서 벗어나니 홀가분했다. 하느님이 싫어하는 세속의 것들을 추구하면서 물질적 부와 풍요를 쌓기 위해 노력했다. 회사에서는 승진하기 위해 애썼고, 허울 좋은 직장인, 커리어 우먼의 모습을 하고 다녔다.

그러나 늘 이유와 출처를 알 수 없는 죄스러움과 슬픔이 따라다녔다. 나는 여전히 우울했고, 내 영혼은 언제나 허기를 느꼈다. 세상이 정한 가치에 자신을 맞출 때마다 강렬한 반발이 일어나면서 모멸감이 들었고, 삶은 지리멸렬했다. 내 영혼의 깊은 곳에서 어떤 분이 오래전부터 나를 애타게 기다리고 계셨다는 것을, 나는 아주 늦게야 깨달았다.

우리 집 앞에 꽤 큰 교회가 있다. 밤이 되면 하늘을 찌를 듯 높이 솟은 십자가의 새하얀 불빛이 롯데타워보다 더 눈부시게 빛난다. 창문을 열면 정중앙에 교회의 탑과 십자가가 위치하는데 그 '액자'가 너무 아름다워 창문을 반쯤 열어놓곤 한다.

소록도 성당을 다녀온 후의 어느 날 밤, 십자가를 향해 나도 모르게 소리를 내어 '아멘' 하는 나를 발견했다. 내 안에 흩어졌던 불명의 조각들이 하나로 모이면서 또렷한 정체로 되살아났다. 내 안에서 일렁거리는 생명의 기운을 느꼈다. 멈추었던 성경필사를 이어가기 시작했다. 가톨릭에 입교해야겠다는 결심이 섰다.

5월 말경, 소속 본당을 찾아 교리반에 등록하고 교리 공부를 시작했다. 새벽 미사는 가급적 빠지지 않으려고 노력하였다. 부모님이 오시고부터 두 분의 아침 식사 시간이 미사 시간과 겹치는 관계로 새벽 미사를 예전처럼 매일 봉헌하지는 못한다. 미사 참례를 못하는 날에는 소리 미사를 듣거나 묵주기도를 바친다.

"우리는 모두 하느님께 예스, 하고 태어납니다." 교리 담당 수녀님의 말씀이다. 그렇다. 내 안의 존재는 이미 하느님을 알고 있었다. 조용히 때를 기다렸던 것이다.

나는 하느님의 자녀로서 곧 다시 태어난다. 내가 얻은 세례명은 베로니카*이다. 단 한 분의 하느님 안에서, 더는 내 정체성을 의심할 필요도, 나를 증명하기 위해 애쓸 필요도 없다. 나는 이제 당당하게 고개를 들고 말할 수 있게

---

* 베로니카는 예수님의 십자가 수난 중 달려가 예수님 얼굴의 피땀을 닦아준 성녀 베로니카를 의미한다. 베로니카는 라틴어 "vera icona"에서 유래했으며, 예수님의 "진짜 형상"이라는 뜻도 있다.

되었다. "나는 하느님의 자녀입니다. 예수님을 기리고 그분의 새 계명을 실천하기 위해 살 것입니다."라고.

소중한 정체성을 지키고 하느님과 주파수를 맞추기 위해 나는 매일 새벽 기도를 올린다. 인자하신 성모 마리아께 당신의 힘 있는 전구를 깊이 체험하게 해달라고 조른다. 나의 숨결에, 나의 손길에, 나의 생각에, 나의 행동에, 나의 말 그릇에 성령이 머물기를 기도한다. 이 글을 읽은 누군가가, 자신의 눈물 속에 스며든 성령의 숨결을 느낄 수 있다면, 자신도 하느님의 자녀임을 알게 된다면 얼마나 좋을까.

7. 세례식 날, 영혼의 염도를 맞추며

"……저의 머리에 손을 얹으시어, 저의 지성과 마음과 오관을 지켜주시어 죄에 떨어지지 않게 하소서……. 주님, 저와 저희 가족의 죄인을 용서하소서."

고요한 새벽, 하루의 시작을 열며 주님께 기도를 올립니다.

오늘은 하느님의 은총 속에서 죄 사함을 받고 다시 태어나는 세례의 날입니다. 저에게 주어진 이 크나큰 선물에 감격하며 새벽을 맞이합니다. 이 기쁨은 어젯밤 흘렸던 회한의 눈물 위에 하얀 수련처럼 피어납니다.

이 거룩한 날을 하루 앞두고, 어젯밤 저는 분노를 다스리지 못해 어머니의 마음에 생채기를 입히는 죄를 지었습니다. 치매와 정신질환이 겹쳐 어처구니없는 말을 내뱉는 아버지와 어머니에 대한 억측을 일삼고 괴롭혀온 결과, 그 정신적 스트레스로 시력 저하와 동반 치매 증상을 보이는 어머니, 두 분과의 관계 속에서, 저는 마땅히 한 귀로 듣고 다른 한 귀로 흘려보냈어야 할 말을 되받아치며 분노를 폭발시켰습니다. 평소처럼 당신의 두뇌 기능에 오작동이 생겼구나, 하면서 이성으로 누르려 했건만, 결국 제 안에서는 '성령의 열매'인 인내 대신 '화'라는 악한 감정의 잡초가 먼저 저의 마음 밭을 점령했나봅니다. 세례성사를 앞둔 저녁, 저는 회한의 눈물을 흘리며 술을 찾았습니다. 제 힘으로는 일분일초도 죄에서 벗어날 수 없음을 비참하게 확인한, 짙은 어둠의 밤이었습니다. 저는 "주님, 저에게 머무소서!" 하고 울부짖었습니다. 그래서 오늘의 이 세례가 더욱 의미 깊고 간절합니다.

새벽 기도가 끝난 후 부모님이 드실 시원한 물김치를 만듭니다. 곁에서 지켜보면 답답해서 눈물이 나고, 떨어져 있으면 걱정되고 안쓰러워 눈물이 납니다. 국물이 든 음식물 밖에 섭취하지 못하시는 부모님을 생각하니, 장수가 마냥 축복은 아니라는 생각이 듭니다. 특히 가난한 노인들에게 장수가 자칫 형벌로 변질될 수도 있다는 비참한 현실을 깨닫습니다.

국물이 싱겁습니다. 물김치에 하얀 소금을 뿌리다가 깨달음을 얻습니다. 김치 속 유산균의 생명력이 소금의 적절한 농도, 즉 '염도'에서 결정되듯, 우리 영혼의 건강 역시 그러함을요. 저에게 말씀이라는 소금이 결핍했나 봅니다. 어젯밤 저의 삶에는 분노와 후회라는 죄의 곰팡내가 물씬 풍겼습니다. 말씀은 이 모든 죄, 영혼의 '잡균'을 정화하는 정결의 결정체, 바로 소금입니다. 오십대에 이르러 비로소 이 진리를 깨닫습니다. 주님, 주님의 칼날 같은 말씀의 빛으로 제 마음속 깊은 무지의 어둠을 베어주소서. 간구합니다.

곧 G본당에서 세례성사가 있을 예정입니다. 저의 대모님과 천주교로 이끌어준 자매님도 만납니다. 남편도 축하하러 옵니다. 오늘 저는 주님의 자녀로 다시 태어납니다. 우리 주 예수 그리스도의 언어도단의 사랑, 십자가 구원이라는 절대적 은총과, 평생 동정이신 성모 마리아의 힘있는 전구와, 저를 영적으로 이끌어주고 하얀 옷을 입혀주신 그리스도를 닮은 분들의 사랑과 관심 덕분에, 오늘 정결한 영혼을 부여받습니다. 저는 이 벅찬 사랑 앞에서, 어젯밤 제 안에서 싹튼 그 분노와 회한의 잡초를 완전히 뿌리 뽑겠다는 처절한 다짐을 합니다.

언제쯤이면 제 안에서 사랑, 기쁨, 평화, 인내, 친절, 선함, 충실, 온유, 절제라는 '성령의 열매'가 열릴까요? 이 간절함을 담아, 오늘부터 저의 말과 생각과 행위를 하느님의 성품에 비추고, 오로지 주님의 빛을 따르겠습니다. 순간마다 이 세례의 맹세를 되새기며, 제 영혼의 '염도'를 말씀에 맞추어, 정결한 여생을 살아가겠습니다.

8. 나는 이대로 살만합니다

법륜스님의 말씀이 곧 처방이고 명약이다.

어쩌다 내 삶이 이토록 편안하고 감사하게 흘러가게 되었을까. 돌이켜보면 1년 전만 해도 지병으로 인해 삶의 굴곡을 힘겹게 지나고 있었다. 그때는 통증이 일상이자 내 삶에 드리운 짙은 그림자였고, 하루하루가 병과의 지루하고 힘든 투쟁이었다. 삶의 의미는 퇴색되었고 될 대로 되라는 식으로 체념하며 주저앉기도 하였다. 그때, 눈앞에 놓인 가장 큰 숙제는 '오늘 하루를 통증 없이 견뎌내는 것'이었다.

하지만 어느 순간부터 나는 '치유'라는 단어에 대해 새로운 시각을 갖게 되었다. 치료라는 것이 반드시 완치를 의미하는 것은 아닐 수도 있다는 깨달음이다. 치료의 결과는 덜 아프게 하는 것, 혹은 현 상태를 더 나빠지지 않게 유지하는 것일 수도 있다. 어쩌면 내가 원하는 완벽한 회복이 아닌, 다른 방향의 결과를 맞이할 수도 있다. 중요한 것은 그 결과를 내가 어떻게 받아들이고 남은 삶을 어떻게 살아갈 것인가 하는 마음가짐이다.

생각의 전환은 법륜스님의 말씀을 접하면서 더욱 확고해졌다. "나는 이대로 살만합니다."라는 스님의 말씀은 화려한 미사여구 없이도 복잡하게 엉킨 삶의 매듭을 명쾌하게 풀어주는 '처방'과도 같았다. 고통을 회피하지 않고 지금 이대로 받아들이라는 가르침, 그리고 지금 이 순간의 삶에 감사하라는 소박하지만 깊은 진리는 내 마음을 흔들었다.

5개월간 성당에 다니면서 기도하고 감사하는 마음을 내자 내 삶에 평화가 안착하기 시작했다. 마음의 안식을 얻자 신기하게도 지병에 대한 생각은 자연스레 뒷전으로 밀려났다. 의식적으로 병을 잊으려고 노력하지 않았음에도, 부모님과 함께하는 바쁜 일상 속에서, 병에 대한 지각은 후순위로 밀려나면서 점점 희미해져 갔다. "안 아프면 건강하다."라는 단순한 진리를 체득하게 된 것이다.

나는 지금 환자라는 것을 잊고 산다. 아프지 않다. 통증의 굴레에서 해방된 내 몸은 자유롭고 에너지로 충만하다. 자전거로 10킬로미터 이상을 달릴 수도 있다. 오래전 포기했던 꿈인 하프 마라톤에도 도전할 수 있을 것 같다는 생각이 든다. 병 때문에 움츠러들었던 몸과 마음이 기지개를 켜며 세상 밖으로 나아가고 싶어 하는 것 같다. 이것이야말로 진정한 치유가 아닐까? 지병이 완치되지 않았을지라도, 병을 이겨낼 수 있다는 마음의 힘을 얻은 것. 나는 이제 다시 '살아있는 기쁨'을 느끼고 있다.

요즘 나의 하루는 소소하고 따뜻한 행복들로 가득 차 있다. 지난 주일에는 세례를 받아 하느님의 자녀로 다시 태어났고 나를 주님께 이끌어준 자매님들과 행복한 시간을 보냈다. 어제는 부모님께 드릴 물김치를 만들고 오늘 아침에는 버섯 푸딩과 소고기 장조림을 정성껏 만들었다. 시원하고 깊은 맛의 오징어뭇국을 끓여내는 시간은 명상과도 같다. 아플 때 2년간 외부 음식만 먹었다. 내 손으로 음식을 맛있게 만들어 먹을 수 있다는 것, 이 자체가 살아있음의 가장 확실하고 행복한 증거가 아닐까.

음식뿐만이 아니다. 맑은 정신으로 책을 읽고, 내면의 이야기를 글로 풀어낼 수 있다는 것도 감사하다. 창밖으로 시선을 돌리면 깊어가는 가을 풍광이 펼쳐진다. 컬러풀하게 물들어가는 단풍잎과 청명한 가을 하늘, 구름 한

송이도 내게는 커다란 선물이다. 두 발로 땅을 딛고, 걷고, 달리는 이 지극히 일상적인 움직임이 기적처럼 느껴진다.

이는 몸이 원래의 상태로 돌아간 것이 아니라 몸의 주인공인 내가 재편된 몸의 '질서'를 받아들였기 때문이다. 그저 현재 '살아있음' 그 자체가 주는 축복의 시간들을 감사히 받아들였기 때문이리라. 그리고 지나온 투병의 시간들이 지금의 평온함을 더 빛나게 해주는 것 같다. 고통의 터널을 지나온 덕분에 나는 일상의 작은 기쁨을 붙잡을 줄 아는 사람이 되었다.

나는 지금 이대로 살만하다. 아니, 행복하다. 앞으로 내 삶에 어떤 '이벤트'가 생겨도 주님의 평화 안에 머물면서 법륜스님의 말씀처럼 감사하는 태도를 잃지 않는다면 다 극복해 나갈 수 있으리라는 확신이 든다.

병이 나를 찾아왔던 것은, 어쩌면 지금처럼 살아있는 매 순간에 감사할 줄 아는 귀한 가르침을 주기 위함이었을지도 모르겠다. 나는 오늘도 감사한 마음으로 장조림이 보글거리는 소리를 들으며, "나는 이대로 살만합니다, 감사합니다."라고 조용히 읊조린다.

9. 궁극의 공명

우리는 살면서 수많은 사람과 스쳐 지나간다. 그중 어떤 사람과는 첫 만남부터 강렬한 끌림과 편안함을 느낀다. 반면 어떤 사람과는 아무리 좋은 조건을 갖추고 있어도 마음의 문이 열리지 않고, 함께 있는 시간이 어색하고 불편하기만 하다. 우리는 이런 알 수 없는 끌림과 반발의 힘을 궁합이나 코드 또는 운명으로 표현해왔다.

만약 이 모든 인간관계의 비밀을 '주파수'라는 단 하나의 개념으로 설명한다면 어떨까? 모든 존재는 고유의 진동, 즉 주파수를 가지고 있다는 양자물리학의 관점을 인간관계에 적용해보는 것이다. 당신이라는 존재는 하나의 라디오 방송국처럼 지금 이 순간도 당신의 생각, 감정, 가치관, 에너지라는 특정 주파수의 전파를 세상에 송출하고 있다. 인간의 '안테나'는 무의식적으로 자신과 비슷한 주파수를 끌어들이고, 인간의 마음은 자신의 부족한 부분을 채워주는 상보적인 주파수를 가진 사람에게 강하게 끌린다.

나는 사랑을 인간의 낭만적인 감정의 영역을 넘어 에너지 파동의 상호작용이라는 새로운 렌즈로 바라본다. 사랑은 분명 화학작용이지만, 물리적인 파동이 결과이기도 하다. 나와 다른 정반대의 사람에게 자석처럼 끌리는 현상은 서로 다른 파동이 만나 아름다운 화음을 만들어내는 공명과 보완의 과정일 것이다. 서로의 파동 마루와 골이 정확히 맞물릴 때, 혼자서는 만들 수 없었던 더 크고 완전한 형태의 조화로운 파동, 즉 사랑의 에너지가 탄생한다. 반대로, 처음에는 그토록 사랑했던 연인이나 부부가 시간이 지나면서 서로 상처를 주고 갈등하는 이유를, 두 사람의 주파수가 조금씩 변하다가 서로를 깎아내리고 소멸시키는 간섭과 상쇄현상으로 설명할 수 있을 것이다. 예를 들어, 부부 중 한 사람은 배움을 통해 성장하는데 다른 한 사람은 멈춰 있다면 주파수가 달라질 수밖에 없다. 서로 맞지 않는 주파수는 에너지를 고갈시키고 깊은 불협화음을 만들어낸다.

악기도 시간이 지나면 음이 틀어지기에 튜닝이 필요하

다. 인간관계도 끊임없는 관심과 조율을 필요로 한다. 관계에서 불협화음이 감지된다면 라디오 다이얼을 돌려 원하는 방송 채널에 맞추듯 우리 스스로의 의지와 노력으로 내면의 주파수를 바꾸고 관계를 긍정적인 방향으로 이끄는 관계 튜닝을 해야 한다. 꾸준한 튜닝을 통해 조화로운 공명의 상태를 경험하고 나면, 우리는 더 이상 외부 상황이나 상대방의 변화에 휘둘리지 않고 주체적으로 사랑과 행복의 주파수를 창조해나가는 삶이라는 오케스트라의 총체적 지휘자가 될 수 있다.

궁극의 주파수는 예수님의 말씀이다. 나는 예수님의 말씀에 나의 주파수를 맞추려고 한다. 그래서 시간이 날 때마다 성경 말씀을 묵상하고 오늘도 성당에 간다.

예수님의 존재는 특정 종교의 창시자 또는 위인을 넘어, '사랑의 근원 주파수' 그 자체로 바라볼 수 있다. 세상의 모든 소리가 각기 다른 주파수를 가지지만 결국 공기의 진동이라는 본질을 공유하듯, 인류가 경험하는 모든 형태의 사랑, 즉 부모와 자식 간의 사랑, 연인의 사랑, 친구와의 우정, 인류애 역시 이 근원 주파수에서 파생된 다양한 변주라고 할 수 있다.

'예수 주파수'는 조건 없는 사랑, 완전한 용서, 깊은 연민과 같은 가장 순수하고 높은 차원의 에너지 파동이다.

이 주파수는 라디오 전파처럼 시공간을 넘어 언제나, 어디에나 존재한다. 우리가 티브이 채널을 맞추지 않으면 수많은 방송 전파가 우리 주변을 지나가도 그 내용을 알 수 없듯이, 우리가 의식적으로 이 근원 주파수에 자신의 채널을 맞추지 않으면 우리는 예수님의 존재를 느끼거나 경험할 수 없다.

그렇다면 어떻게 이 궁극의 공명 상태에 이를 수 있을까? 미사 참례, 일상의 기도, 꾸준한 묵상, 이타적인 봉사와 같은 종교적, 영적 수행은 바로 내면의 소음을 잠재우고, 거친 주파수를 가다듬어 이 사랑의 근원 주파수에 자신의 채널을 맞추는 영적 튜닝의 과정이다. "네 이웃을 네 몸과 같이 사랑하라"는 가르침은, 나와 타인의 구분을 넘어 모든 존재가 이 근원 주파수 안에서 하나로 연결되어 있음을 깨닫고, 서로의 파동에 공명하라는 의미가 아닐까.

갓 태어난 아기를 바라볼 때, 도움이 필요한 낯선 이에게 손을 내미는 친절 가운데, 자연의 장엄한 아름다움에 압도되는 경이로움 속에서, 우리는 종종 근원 주파수와 연결되는 경험을 하곤 한다. 그 순간, 나라는 작은 파동은 더 큰 사랑의 파동과 하나가 된다.

우리가 이 근원 주파수와 공명할 때, 우리는 개인적인 사랑과 미움의 경계를 넘어선 깊은 평화와 충만감이라는 놀라운 경험을 하게 될 것이다. 나에게 상처를 준 사람을 용서할 수 있는 힘이 생기고, 나의 작은 파동이 거대한 사랑의 파동과 만나 보강 간섭을 일으켜, 나의 존재 자체가 이전과는 비교할 수 없을 정도로 증폭되고 확장될 것이다.

결국 사랑은 우리 안의 주파수를 끊임없이 정화하고 높여 궁극적으로 이 세상에 현존하는 주님, 사랑의 근원 주파수, 즉 예수님의 말씀과 공명해나가는 과정이 아닐까 싶다.

10. 나무 뒤주의 눈동자

낡은 나무 뒤주를 중고시장에서 사왔다.

사진으로 봤을 때, 뒤주는 군데군데 옹이와 찍힘으로 낡아보였다. 뚜껑에 내려앉은 기름때로 의심되는 칙칙한 얼룩들에서, 쓸모를 다한 물건의 스산함이 풍겼다. 하지만 나는 그 세월의 더께와 생활기스로 얼룩진 낡음 속에 숨겨진 영롱함을 보아냈다. 특히 뒤주 정면의 그림이 눈길을 끌었다. 얇은 나무 절편을 정교하게 조각한 소나무 그림이었다. 겉은 지저분해 보여도 대충 만든 물건이 아님을 알 수 있었다. 오랜 세월 공양을 위해 먹거리를 품었을 나무 뒤주의 공덕이, 그 존재의 역사가 옹이마다 새겨진 것 같아 정감이 갔다.

녀석을 집으로 데려온 날, 나는 뒤주를 정성껏 닦는 일부터 시작했다. 거꾸로 뒤집어 먼지를 털어내고, 미지근한 물로 닦아내고, 알코올 솜으로 뚜껑의 묵은 기름때를 깨끗하게 지웠다. 거칠어진 모서리는 고운 사포로 매끄럽게 다듬었다. 나뭇결이 사라지지 않도록 결 따라 문지르면서 곱게 매만졌다.

찍힌 부분까지 정돈한 다음, 마지막으로 솜에 식용유를 묻혀 반질반질 윤기 나게 닦았다. 나무는 보습과 영양을 굶주린 듯 빨아들이더니 잠에서 깨어난 아이처럼 또렷한 눈동자로 나를 바라보았다. 마침내 녀석의 영롱함이 드러났다. 투박했던 외양은 세월이 빚어낸 고풍스러움으로 변모했다. 긁힘과 찍힘은 사라지지 않았지만, 그 흉터마저도 품격 있는 무늬처럼 돋보였다.

나의 섬세한 손길 덕분에 다시 태어난 나무 뒤주는 햇살 아래서 은은하게 빛났다. 버려질 물건을 되살렸다는 뿌듯함에 들떠, 녀석과 한참이나 눈 맞춤을 하고 있는데 눈썹 모양의 솔가지 그림이 나를 향해 빙그레 웃는다. 녀석이 나에게 고맙다고 인사를 건네는 것 아닌가. 그리고 문득, 이 뒤주를 제작했을 장인의 얼굴 없는 형상도 떠올랐다. 그는 뒤주에 쌀이 그득그득 담기기를 원했을 것이다. 아울러 한 가족이 풍요롭고 행복하게 살기를 기도하는 마음으로 이 뒤주를 만들었을 것이다. 땀 흘리며 나무를 자르고, 붙이고 사포질하고 옻칠했을 것이다. 자칫 버려질 뻔 했던 녀석이 내 손에서 다시 생명을 얻었다. 나는 장인의 환한 미소를 상상하면서 정겨운 눈빛으로 뒤주를 바라보고 어루만졌다.

변신한 뒤주의 모습을 자랑하기 위해 각도를 달리하면서 사진을 여러 장 찍은 후, 창가 쪽 캣 타워 옆에 오브제로 놓아두었더니 인테리어 효과도 있다. 물론 본연의 기능인 쌀뒤주로도 쓰일 것이다. 어설픈 물건을 사들였다고 핀잔하던 남편도 어느새 고풍스럽게 변한 오브제에 엄지척 이모티콘을 달아주었다.

소파에 앉아 녀석을 물끄러미 바라본다. 덮개를 닫으면 나비 두 마리가 살포시 내려앉은 것 같다. 그 옆에 생화 한 묶음을 올려두면 참 멋지겠다 싶었는데 고맙게도 대모님이 세례식 날 생화를 한 묶음 안겨주었다. 반짝이는 뒤주 위에 올려놓은 생화 한 묶음이 뒤주와 어우러져 한 폭의 정물화 같다.

해가 잘 드는 창가에서 반짝이는 뒤주는 깨끗이 비워져 채울 준비를 하고 있다. 낡은 나무 뒤주의 본질적인 아름다움을 알아보고 시간과 공을 들여 매만지고 소중히 다루었더니 녀석도 영롱하게 반짝이며 정성에 대한 보답으로 맑고 순수한 속살을 내어주었다. 편백나무향기와 쌀 내음이 섞인 뒤주 특유의 향기가 좋다. 버려진 존재와 애틋함을 느끼는 존재가 서로 교감하면서 우리 사이에는 끝까지 함께하자는 무언의 약속이 오갔다. 나무 뒤주의 상처가, 깨끗하게 비운 상태의 텅 빈 울림이, 버려질 상태에서 구원했다는 성취감이 내 마음을 흔들었다.

비가 내린다. 창가에 앉았다. 조용한 빗소리를 멜로디 삼아 고풍스러운 나무 뒤주의 멋스러움을 감상한다. 저 육면체의 넉넉한 몸통에 가득 채워질 먹거리는 단순한 양식이 아니다. 돌봄과 나눔이며 주님의 사랑이 깃든 풍요와 충만함이 될 것이다. 버림받은 쌀뒤주가 되살아나 나에게 풍요를 선물하듯, 나 또한 이 세상의 버림받은 이들을 위해 기도하고 기꺼이 손을 내밀고 싶다. 작고 약하고 낡은 것들에게 보내는 따뜻한 시선과 생명을 불어넣는 정성어린 손길에는 언제나 주님이 함께하고 계신다.

낡은 나무 뒤주는 존재 본연의 빛이 이미 그 안에 있다는 진리를 내게 가르쳐 주었다.

성모송(聖母頌)

사랑의 샘이시며
자애롭고 아름다우신
성모 마리아, 사랑 넘치는 천주의 성모
복되신 동정 마리아님
당신의 티 없는 성심을 닮고자 하나이다
구원의 빛이시며
지혜롭고 자비로우신
성모 마리아, 하늘나라의 모후
여인 중 복되신 주님의 어머니
저희 죄인을 위해 빌어주시니 감사하나이다
자비의 근원이시며
온유하고 너그러우신
성모 마리아, 은총 가득한 어머니
무염시태 정결의 여인이시여
맑고 의로운 영으로 그대 향해 나아가리이다

길 잃은 양처럼
정처 없이 헤매는 저희를

사랑의 손길로 붙잡아 주시고
구원의 밝은 등대 되어
예수님께 가는 길 밝혀주시나이다
피에타의 성모님
슬픔의 골짜기에서 울부짖는
하와의 자손들을 굽어 살피시고
불쌍한 저희에게 자비를 베푸소서
저희 죽을 때에 당신의 아들 예수님 뵙게 하소서
사랑하는 성모님
무릎 꿇고 머리 숙여
찬미의 기도 올립니다
주님께서 약속하신 영원한 삶 맛보게 하소서
당신의 푸른 망토 아래 영원한 평화 있으리이다

한없이 인자하신 성모님
저희를 위하여 빌어주시어
영원히 예수 그리스도 안에 머물게 하소서

에필로그

고백에서 찬미로

처음에는 이 책을 출간하는 데 동참하는 것이 망설여졌습니다. 신앙의 싹도 틔우지 않은 나의 글이, 신자들에게 불편하지는 않을까, 주님에 대한 믿음으로 거듭나지 않은 나의 거칠고 어두운 속마음이 남한테 들키지는 않을까 두려웠습니다. 그럼에도 꾸역꾸역 글을 썼습니다. 글쓰기를 통해 자신을 파헤치면서 '나'에 대한 보다 객관적인 시선을 갖게 되었습니다. 그러나 중도에서 난관에 부딪혔습니다. 나의 사적인 에피소드가 과연 타인의 정신에 가닿아 공명을 일으킬 수 있을까, 문학의 본령에서 너무 멀어지는 것은 아닐까, 하는 우려가 발목을 잡았습니다. 그동안 쓴 글들을 전부 폐기하고 싶었습니다. 저는 다시 독자와 우리, 우리의 문제를 생각하기 시작하였습니다.

이 책의 출간을 둘러싼 저보다 훨씬 선배인 공동 저자들과의 모임은 저한테 많은 가르침을 주었습니다. 치유는 상처를 드러내는 것에서 시작된다고 합니다. 그러나 상처를 드러내는 과정에서 불가피하게 언급되는 '타자'에게, 설령 가족일지라도 상처를 주어서는 안 됩니다. 이 따끔한 충고는 저를 돌아보게 하였습니다. 내가 쓴 글이 자조 섞임과 솔직함의 외피로 타인의 경계를 침범하거나 타인에게 상처를 줄 수도 있음을 성찰하게 되었습니다. 이 가르침은 앞으로도 제 글을 정화시키는 데 도움을 줄 것입니다.

저는 다섯 명의 공동 저자 중 꼴찌로 세례를 받았습니다. 이제 막 하느님의 자녀로 태어났기에 아직은 걸음마를 타는 '아기'에 불과합니다. 기쁨으로 들뜬 마음을 주체할 수 없어 미사여구를 동원하여 주님과 성모님을 찬미하였습니다. 세상의 모든 언어를 불러와 찬미와 감사를 올리고 싶습니다. 저의 글에 넘치는 부분이 있더라도 너그러운 양해를 구합니다.

저에게 책 출간은 최종 목표가 아닙니다. 저는 이 과정을 통해 제가 거듭나고 조금이라도 진보했으면 하는 바람이 있었습니다. 신앙, 인품, 예술성에서 저보다 내공이 깊은 선배님들과 함께 주님을 찬미하고 주님의 십자가 구원에 동참하고자 힘쓰는 것에 의미를 부여하고 싶습니다.

신앙 에세이를 쓰면서 삶을 감사와 찬미로 조각해내는 지혜를 배웁니다. 근원적 실재에 연결되는 기도의 신비를 깨달았습니다. 이 책이 자신의 종교를 찾아 방황하는 그 누군가에게, 하느님을 향해 다가갈 수 있는 용기와 희망이 되기를 소망합니다. 끝으로 이 책의 출간을 위해 애써 주신 해드림출판사 이승훈 대표님께 깊은 감사의 마음을 전합니다.

2026년 1월

이춘희